学校の危機管理とこれからのスクールリーダーシップ

岡田順一 著

黎明書房

はじめに

　学校は，一定の基準を満たす施設・設備の中で，児童生徒，教職員から構成され，保護者や地域の人々との緊密な関係において成立しています。そこでは，児童生徒が生涯にわたり，人間としての成長と発達を続けていく基盤となる力を養うとともに，国家及び社会の有為な形成者としての資質の育成を目標として，教育活動が日々継続して行われています。

　教育活動を継続して行う中で，学校は，新型インフルエンザの流行，突発的な大地震，学校行事における事故，不祥事，いじめ問題の発生など，様々な危機に日常的に晒されています。これらの危機を適切に管理し，乗り越えるためには，スクールリーダー（校長，副校長，教頭，主幹，指導教諭，教務主任等の各主任）のリーダーシップが常に問われています。

　私は，大学卒業後，愛知県立高等学校の理科教師として出発した後，愛知県教育委員会事務局に 14 年間勤務し，多様で特色ある様々な学校を訪問する機会に恵まれるとともに，学校現場で生起する各種事件等への対応について学ぶ貴重な機会を得ました。その後，愛知県立高等学校の校長として 11 年間勤務し，スクールリーダーシップの在り方に関して多くの経験をしてきました。

　現在は，南山大学において教職を目指す学生への教育と研究に当たっています。教員免許更新講習の講師も務める中で，これからの教育を担う学校現場の先生方に，少しでも自分の経験を伝えることができればという思いから，本書を執筆した次第であります。

　第Ⅰ部では，スクールリーダーシップの在り方に関して，質問紙調査結果の分析を含めて考察します。学校の危機管理とスクールリーダーシップの在り方について，地震防災，いじめ事件対応，教職員の不祥事防止という具体的事例をもとに総合的に考察します。

　第Ⅱ部では，我が国の生徒指導のこれからの在り方と規範意識・道徳性の

育成に関する日米比較について考察しました。私は，実践教育研究会の企画に参加して，2012年10月，米国オレゴン州コーバリス市の小・中学校，高等学校を視察する機会を得ました。一つの小都市の視察ではありますが，我が国の生徒指導の在り方や規範意識・道徳性の育成へのヒントになることが数多くあります。最近では，我が国でも「チーム学校」という言葉が聞かれるようになっていますが，米国は，この面で先進的です。

　第Ⅲ部は，「サーバントリーダーシップを目指して－私の校長修行・式辞・折々の記－」と題して，私自身のこれまでの経験をまとめたものです。

　私は，愛知県立の3高校（大府東，中村，旭丘）の校長を務める機会を得ました。3校は，新設校，戦後の学制改革直後に創立された学校，明治時代からの伝統校とそれぞれ特色があり，校風も異なっています。その中で，それぞれの学校の特色を生かしつつ，先輩校長先生方をはじめ教職員の皆さんが協力して築かれた業績を土台として，少しでも改革・改善をし，次代へバトンを渡すべく力を傾注しました。

　学校の運営には，教職員，保護者，地域の協力が不可欠です。如何なる立派なスローガンを掲げても，教職員や保護者の理解なくして成就は困難です。そのために，私は職員の和を重んじ，可能な限りの対話を行いました。

　ロバート K. グリーンリーフは，『サーバントであれ』（野津智子訳，英治出版，2016.2）の中で，「サーバントリーダーシップは，日本人が得意とするコンセンサス形成のように機能する。むろん，最初は少々時間がかかる。全員が意見を求められるからだ。最終的にその意見が通るかどうかはわからないことを，やはり全員が納得した上で。しかし，ひとたびコンセンサスが形成されたら，気を抜かないこと。合意されたものごとが，全員が参加して，怒涛のごとく実行されるのだ。」という『フォーチュン』誌（1992.5.4）の記事を引用しています。校長職にあった11年間は，それとは知らずに，自ずからサーバントリーダーシップを理想として目指していたように思います。私の力量では，無論のこと，到達点は遥か彼方にあります。

　ソニー創業者の盛田昭夫氏は，カリスマ的リーダーとして著名ですが，サーバントリーダーでもありました。真田茂人著『サーバント・リーダー

はじめに

シップ実践講座』（中央経済社，2012）によれば，盛田氏は，「人を許すことを身に付けるべきである。完全な人間はいない。悪い点から見始めたら，全部が悪く見える。部下を批判し始めたらダメ。人を許し，良い所を見るようにしよう。どんな人にも良い所がある。それを発揮させてあげよう。」「一人ひとりに参画意識を持たせることが大事。部下が『命令されたからする』と思ってはダメで部下自身が『これをやらねば』と思うように導く必要がある。そのためにはコンセンサスが大事である。しかし，『皆で決める』のは衆愚であり最悪である。ただし，大事なことは皆が自由に意見を言えることである。そういう機会がなければ，人は命令されたから仕方なくすると考える。」と語っています。

　人の意見を全く聞かない，独りよがりで謙虚さのない傲慢なリーダーのもとでは，いかなる組織も発展せず，コンプライアンス意識にも欠けて，倒産もしくはそれに近い大打撃を受けるに至ることは，幾多の実例が示しています。

　本書が，これからの教育に携わる方々の少しでもお役に立てれば，これに優る喜びはありません。

　おわりに，これまで私を育て見守り助けてくださった恩師，先輩，友人，同僚の皆様に厚く感謝申し上げます。

　私が心置きなく仕事に集中できる環境を常に整えてくれた妻，尚美に本書を捧げます。

　2016（平成 28）年 4 月

岡 田 順 一

目　　次

はじめに　1

第Ⅰ部
学校の危機管理とこれからの
スクールリーダーシップの在り方

はじめに　10

第1章　学校の危機管理について　10

1　危機と危機管理について　10

2　学校の危機管理の領域と特殊性　12

第2章　スクールリーダーシップについて　14

1　三隅のＰＭ類型とスクールリーダーシップ　14

2　French & Raven のパワー理論とスクールリーダーシップ　15

3　スクールリーダーシップの在り方に関する質問紙調査　17

4　スクールリーダーシップの在り方に関する質問紙調査の結果考察　19

第3章　学校の危機管理とこれからのスクールリーダーシップの在り方について　36

1　学校の組織について　36

2　学校の危機管理事例1——地震防災　40

3　学校の危機管理事例2——いじめ事件対応　42

4　学校の危機管理事例3——教職員の不祥事防止　44

5　学校の危機管理は「チーム効力感」が鍵　46

目　次

　　6　サーバントリーダーシップの考え方　48

　おわりに　49

> # 第Ⅱ部
> # 我が国の生徒指導のこれからの在り方と
> # 規範意識・道徳性の育成に関する日米比較考察
> ## ― 米国オレゴン州の公教育を視察して ―

　はじめに　56

第4章　我が国の学校における生徒指導　57

　　1　いじめ自殺事件と学校の規律　57

　　2　我が国の生徒指導の歴史的考察　―管理教育批判と校則の見直し―　58

　　3　規範意識の育成重視へ　61

　　4　学校の規律向上に顕著な成果を挙げた事例 1

　　　　　　　　　　　　　　　　　　　　―愛知県立Ａ高等学校―　62

　　5　学校の規律向上に顕著な成果を挙げた事例 2

　　　　　　　　　　　　　　　　　　　　―愛知県立Ｂ高等学校―　67

第5章　米国オレゴン州コーバリス市の公教育における生徒指導・道徳性の育成　72

　　1　ガーフィールド小学校（Garfield Elementary School）　72

　　2　ライナス・ポーリング中学校（Linus Pauling Middle School）　75

　　3　クレセントバレー高等学校（Crescent Valley High School）　78

第6章　我が国の生徒指導のこれからの在り方　80

　　1　段階的指導等のルール確立による生徒指導の推進　80

　　2　教員以外のスタッフの充実の必要性　81

　おわりに　82

5

第Ⅲ部
サーバントリーダーシップを目指して
— 私の校長修行・式辞・折々の記 —

はじめに　86

第7章　愛知県立大府東高等学校において（1999.4 ～ 2004.3）　87

　1　学校の概要等　87

　2　学校創立 20 周年記念式典・校長式辞　88

　3　姉妹校エルウッドカレッジ訪問に際しての校長スピーチ　90

　4　PTA 会報『冬青』校長挨拶　92

第8章　愛知県立中村高等学校において（2004.4 ～ 2005.3）　93

　1　学校の概要等　93

　2　同窓会報　校長あいさつ　95

　3　中村高校 HP　校長あいさつ文　96

　4　学校改革「プロジェクト中村 21　委員会」まとめ報告　98

　5　学年末の PTA 役員会での校長報告（骨子）　99

　6　卒業式校長式辞　101

第9章　愛知県立旭丘高等学校において（2005.4 ～ 2010.3）　105

　1　学校の概要等　105

　2　目指したこと　108

　3　「教育目標」の改定　108

　4　生徒主導による授業改革「意見制」　109

　5　生徒の自主性・自律性を生かした学力向上方策　111

　6　愛知スーパーハイスクール研究指定事業（自然科学教育）の推進　113

　7　スポーツや芸術の振興による心豊かな生徒の育成　115

　8　学校を全国に開くこと　117

目　次

第 10 章　式辞・折々の記　118

1　着任ご挨拶　118

2　生きることは学ぶこと　119

3　自律と努力　120

4　鯱光祭を迎えて　122

5　入学式校長式辞　124

6　卒業式校長式辞　127

7　卒業を祝して　130

8　新卒業生の前途を祝して　131

9　創立 130 周年記念式典・御礼のことば　133

10　野球部史刊行を祝して　136

11　ラグビー部 60 周年記念誌　発刊に寄せて　137

12　漕友会会報に寄せて　138

13　吹奏楽部第 109 回定期演奏会「クリスマスコンサート」に寄せて　139

14　弦楽部第 8 回定期演奏会を祝して　140

15　『愛知の高校野球全記録』連盟史発刊に当たって　141

16　美術教育研究全国大会・愛知大会誌あいさつ　143

17　知・徳・体の調和と鍛錬　144

18　南山大学において　145

著者略歴　151

第Ⅰ部

学校の危機管理とこれからの
スクールリーダーシップの在り方

要　旨

　本稿は，今日の学校教育の大きな課題である「学校の危機管理」と「スクールリーダーシップの在り方」について，相互に関連させて考察したものである。第1章においては，学校の危機管理の領域を概観し，第2章においては，スクールリーダー（校長，副校長，教頭，主幹，指導教諭，教務主任等の各主任）のリーダーシップの在り方に関して，質問紙調査結果の分析を含めて考察した。第3章においては，前章までの考察を基礎として，学校の危機管理とスクールリーダーシップの在り方について，地震防災，いじめ事件対応，教職員の不祥事防止という具体的事例をもとに総合的に考察した。学校現場で活躍しているスクールリーダーにとって，日々の実践に直結する内容となることをねらいとしたものである。

〔注〕　本稿は，筆者による論文「学校の危機管理とスクールリーダーシップの在り方」『南山大学紀要「アカデミア」人文・自然科学編』第8号，2014.6.30，pp.21-49 を一部修正加筆したものである。

はじめに

　学校は，一定の基準を満たす施設・設備の中で，児童生徒，教職員から構成され，保護者や地域の人々との緊密な関係において成立している。そこでは，児童生徒が生涯にわたり，人間としての成長と発達を続けていく基盤となる力を養うとともに，国家及び社会の有為な形成者としての資質の育成を目標として，教育活動が日々継続して行われている。

　教育活動を継続して行う中で，学校は，新型インフルエンザの流行，突発的な大地震，学校行事における事故，不祥事，いじめ問題の発生など，様々な危機に日常的に晒されている。これらの危機を適切に管理し，乗り越えるためには，スクールリーダー（校長，副校長，教頭，主幹，指導教諭，教務主任等の各主任）のリーダーシップが常に問われている。本稿では，第1章において学校の危機管理の領域を概観し，第2章においては，スクールリーダーシップの在り方に関して，質問紙調査結果の分析を含めて考察する。第3章においては，前章までの考察を基礎として，学校の危機管理とスクールリーダーシップの在り方について，地震防災，いじめ事件対応，教職員の不祥事防止という具体的事例をもとに総合的に考察する。

第1章　学校の危機管理について

1　危機と危機管理について

　危機管理については，一般に，2001年9月11日に米国で発生した同時多発テロ事件を契機として，社会の関心が大きく変化したと言われている。更には，2011年3月11日に東北地方を襲ったマグニチュード9.0の巨大地震に伴う津波被害は，多くの学校を巻き込み，新たな危機管理の課題を我々に突きつけている。

　危機管理について論じるためには，危機とは何かについて定義しなければならない。危機の定義については，例えば広辞苑第六版では，「大変なこと

になるかも知れないあやうい時や場合。危険な状態」と記述されている。英語では，危機に相当する用語として，crisis，critical moment，pinch，risk，peril 等数多くあり，少しずつ意味が異なっている。

　林（2008）[1] によれば，危機とは，次の 4 つの特徴を含む事象であるとされる。

① 予想外の出来事

② 悪い結果をもたらす出来事

③ 業務を中断しても対応する出来事

④ 組織全体として対応を必要とする出来事

　危機を「予想外の出来事」としていることに関して，林は，「まさかというようなこと，あろうはずのないことが起こったと考えられるのが危機である。」[2] としている。彼は，「ある組織に入ってきたばかりの新人にとっては，毎日がまさしく危機の連続かもしれない。しかしベテランにとっては，その多くは予想できること，想定内のことであり，それなりの対応が事前に決まっている。本当の意味での危機は，そうしたベテランの予想を超えることである。」[3] と説明している。

　しかし，2011 年 3 月の東日本大震災に伴う東京電力福島第一原子力発電所の事故が想定内か想定外かで議論があるように，「予想外」もしくは「想定外」の定義は容易ではない。「想定外」とは，「起こる可能性があることを知ってはいるが，想定したくないという願望」の別表現であるとも考えられるからである。

　2012 年 8 月 29 日に，内閣府中央防災会議の南海トラフ巨大地震対策検討ワーキンググループは，『南海トラフ巨大地震の被害想定について（第一次報告）』[4] を発表した。それによると，駿河湾から日向灘の南海トラフを震源域とするマグニチュード 9.1 の地震が起きた場合，最大 32 万 3 千人が死亡し，238 万 6 千棟が全壊または焼失するということである。このように被害想定が政府から公式に発表されたら，南海トラフ巨大地震は，もはや想定内のこととなり，危機ではなくなるというのは，非現実的な議論であろう。

　本稿では，学校の危機管理の実践に役立つ考察を主旨としており，危機に

ついての林の定義を採用しつつも，「予想外」「想定外」については厳密な解釈を避け，危機についての前述の広辞苑の語義解釈に従うこととする。

　危機管理という用語は，crisis management の和訳として，佐々[5]が広く用いたことで普及した。しかし，今日では，より包括的な risk management の訳として用いられることが一般的である。crisis と risk の語義には相違があるが，本稿では両者の相違には深入りせず，危機管理を，「危機の予防を含めて，危機にうまく対応し，克服すること」と定義しておく。

2　学校の危機管理の領域と特殊性

　危機管理という用語は，元来，政治的経済的分野で使用されてきた。危機管理について数多くの著作がある米国の I. ミトロフ（2001）[6]においても，実例として取り上げられている事例のほとんどが企業の危機管理である。我が国において，危機管理の実践的先駆者である佐々（1997）[7]が取り上げている事例は，戦争・軍隊，テロ，企業，政治等である。

　学校において，危機管理という用語が広く使われるようになったのは，下村（1997）[8]によれば，1995 年 1 月 17 日に発生した阪神・淡路大震災が契機となったとされる。それまでは，教育の場で「管理」という言葉を使用することに，ある種の抵抗を感じる者も少なからず存在していたからであろう。

　2001 年 6 月 8 日に突如発生した大阪教育大学附属池田小学校における不審者による児童殺傷事件[9]は，各地の学校関係者にとどまらず，全国民に衝撃を与えた。安全であるはずの学校において，刃物を持った男の侵入により，児童 8 人が死亡，教諭 2 人を含む 15 人が重軽傷を負ったこの事件は，学校教育において危機管理の重要性に警鐘を鳴らす重要な転機となった。

　学校における危機管理の領域は，実に広範である。一例として，下村（1997）が『事典　学校の危機管理』[10]で取り上げている項目を整理すると表 1-1 のようになる。非常に広範な領域に渡っているが，本稿では，スクールリーダーシップの在り方と関連させて，数例の具体例を取り上げ第 3 章で考察する。

　学校は，児童生徒の大切な命を預かっている。それゆえ，その危機管理に

第 1 章　学校の危機管理について

おいては，危機を起こさないための予防的な措置が極めて重要となる。そこに学校の危機管理の特殊性があると言える。

　なお，露口（2012）[11]は，学校組織の信頼構築という観点から，学校の危機管理を論じているが，極めて重要な視点であると考える。

表 1-1　学校の危機管理の領域（下村（1997）[10]より筆者が抽出整理）

```
 Ⅰ　学校の組織と運営
 1　学校組織と校内人事（事例数 27）（以下，（　）内の数字は事例数）
 2　運営（38）
 3　教育委員会と学校（5）
 Ⅱ　教育課程と教育活動
 1　教育課程・学習指導要領（20）
 2　教育活動（50）
 Ⅲ　児童・生徒の指導
 1　問題行動等と児童・生徒への対応（10）
 2　生徒指導・校則・懲戒（47）
 3　進路指導（4）
 4　学習指導（2）
 Ⅳ　児童・生徒の問題行動
 1　不登校・いじめ（18）
 2　児童・生徒の暴力（9）
 3　盗み（万引き）・恐喝（4）
 4　飲酒・喫煙・薬物濫用（11）
 5　性の逸脱行為（4）
 6　無断外泊・家出・盛り場徘徊（4）
 7　警察や諸機関との連携，情報の提供（9）
 Ⅴ　学校事故と危機管理
 1　学校事故（42）
 2　盗難・火災・器物破損（13）
 3　事故が起こったときの対応（7）
 Ⅵ　教職員の勤務（103）
 Ⅶ　PTA・家庭・地域社会
 1　PTA・家庭（27）
 2　地域社会（15）
 Ⅷ　非常災害への対応
 1　自然災害（17）
 2　子どもが犯罪に巻き込まれたとき（7）
```

13

第2章　スクールリーダーシップについて

1　三隅のＰＭ類型とスクールリーダーシップ

　学校教育法第 37 条第 4 項には，「校長は，校務をつかさどり，所属職員を監督する。」[12)] とある。ここで「校務をつかさどり」とは，学校の仕事全体を掌握し，処理することと解されている。同法第 5 条に「学校の設置者は，その設置する学校を管理し」とあるように，設置者である国，地方公共団体または学校法人は，その設置する学校に対して，人的管理，物的管理，運営管理を行う。校長は，設置者の指揮監督に従いつつ，学校の全てにわたって責任を負い，運営していくこととなる。したがって，学校の危機管理において，校長のリーダーシップは極めて重要である。しかし同時に，教頭をはじめとする他のスクールリーダーの適切なリーダーシップの発揮がなければ，第 3 章 2 節で考察するように，学校はうまく運営できず，危機管理も不十分なものとなる。

　リーダーシップについては，広辞苑第六版では，「指導者としての資質・能力・力量。統率力。」と語義解釈されているが，リーダーシップに関するＰＭ類型理論を提唱した三隅（1984）は，「リーダーシップとは，特定の集団成員が集団の課題解決ないし目標達成機能と，集団過程維持機能に関して，他の集団成員達よりも，これらの集団機能により著しい何らかの継続的な，かつ積極的影響を与えるその集団成員の役割行動である。」[13)] と定義している。リーダーシップは，単なる個人の行動ではなく他者集団に与える影響力によって測られるものである。三隅は，集団における目標達成ないし課題解決へ志向した機能（集団目標達成機能，Performance 機能，略してＰ機能）と，集団の自己保存ないし集団の過程それ自身を維持し強化しようとする機能（集団維持機能，Maintenance 機能，略してＭ機能）とにより，4 種類のリーダーシップ類型を提示した。リーダーの起こす行動には，Ｐ機能とＭ機能が含まれているが，その程度により，ＰＭ型，Ｐｍ型，ｐＭ型，ｐｍ型に分類したものである。

14

第2章　スクールリーダーシップについて

　吉崎（1979）[14]は，三隅のＰＭ類型理論を小学校長に応用し，そのリーダーシップ行動をＰ尺度とＭ尺度に分けて標準化した。淵上（2005）[15]は，公立中学校教頭の経営活動を会話などの詳細な観察記録から分析し，人間関係に関するヒューマンスキルの重要性を指摘した。

　これらの先行研究を踏まえるとともに，筆者自身の公立高等学校長勤務11年間の経験知を加味して，三隅の４類型をスクールリーダーに当てはめた場合，どのように特徴付けられるかの試案を表2-1に示す。

表2-1　三隅のＰＭ類型とスクールリーダーの特徴（試案）

類型	スクールリーダーの特徴
ＰＭ型	学校の教育目標や到達目標を明確に示す。仕事には厳しいが，同時に教職員一人一人に気配りをし，モチベーションを高めるとともにチームワークを大切にする。 　成果を長期にわたってあげられる，もっとも望ましいスクールリーダーである。
Ｐｍ型	学校の教育目標や到達目標を明確に示し，仕事には厳しい。常に成果を求め，教職員を叱咤する。しかし，教職員一人一人の感情には無頓着で，気配りが不十分である。 　短期の成果主義に陥りやすく，長期的に見ると，職員室の雰囲気が悪化し，士気の低下を招く恐れがある。
ｐＭ型	教職員一人一人に気配りをする温情あるスクールリーダーである。しかし，仕事の管理には甘さがあり，教職員に厳しいことが言えない。リーダーを補佐する者がＰ機能を発揮する必要がある。
ｐｍ型	学校の教育目標や到達目標を明確に示すこともなく，教職員に対して厳しいことも言えない。教職員一人一人への気配りもなく，教職員のモチベーションは低い。

2　French & Raven のパワー理論とスクールリーダーシップ

　リーダーシップの源泉として，米国の French & Raven（1959）[16]は，5種の根拠パワーを提唱した。それらは，強制パワー，報酬パワー，正当パワー，準拠パワー，専門パワーである。池田（2011）[17]は，専門パワーか

ら情報パワーを独立させ，6種として紹介している。パワーとは，相手が認知した影響力であり，心理的・行動的な変化を起こさせるものである。池田による修正をもとに，筆者は，日本社会では特に重要と考えられる「根回しパワー」を追加して7種とし，これらのパワーをスクールリーダーシップへ当てはめるとどのように表現されるかの試案を表2-2に示す。

表2-2　French & Raven のパワー理論の拡張

根拠パワー	内容
①強制パワー Coercive Power	相手に対し命令を発し，従わなければ罰を与える権限を持つ人が相手に及ぼすパワー。 教職員は，職務命令に従わなければ，職務命令違反で処分される。
②報酬パワー Reward Power	相手に対し，報酬を与える権限を持つ人が相手に及ぼすパワー。 民間企業と異なり，公立学校の校長は，特定の教職員に対し，その優れた仕事に対して，昇級させたり，臨時ボーナスを支給したりすることはできない。しかし，金銭面以外では，人事上の昇進，教育委員会が行う表彰への推薦などによって，報償を与えることができる。
③正当パワー Legitimate Power	指示・命令に正当性があると判断させるパワー。 法規に従った指示・命令は，正当パワーが発揮されるが，法規に違反した指示・命令ではこのパワーは発揮されない。また，組織上の上司の指示・命令も正当パワーが発揮される。組織上の上司ではない，他校の校長に指示・命令されても従う義務はないので，このパワーは発揮されない。
④準拠パワー Referent Power	相手に魅力を感じて尊敬し，「あの人のようになりたい」と思わせるパワー。 スクールリーダーの人間的魅力に惹かれ，あの人の言うことだから信頼できるので従うと思わせるパワー。長期にわたって強い影響を与え，学校の活性化につながる。
⑤専門パワー Expert Power	専門的知識の豊富さ，正確さ，経験などによって相手に及ぼすパワー。 生徒の問題行動やいじめ等の事件が発生したとき，解決に向けて，校長をトップとして，スクールリーダーが豊富な知識と経験に裏打ちされた的確な指揮を執るとき，このパワーが発揮される。

第2章　スクールリーダーシップについて

⑥情報パワー 　Information Power 　（池田による追加）	限られた人しか持っていない情報を持ち，その情報を巧みに発信する力を持つ人が相手に及ぼすパワー。 校長をはじめスクールリーダーは，校内の隅々まで知り尽くしていなければならない。教職員，生徒に関する必要な情報は，個人情報の保護に配慮しつつ，把握に努める必要がある。教職員の不祥事防止，いじめ事件の未然防止等に必要なパワーである。
⑦根回しパワー 　（筆者による追加）	ある案件について，教職員の賛否の状況も把握しないまま，職員会議にかけて，延々と実りのない議論を繰り返すことは，学校全体の雰囲気を悪化させる。校長の方針の賛同者を増やすべく，会議にかける前に一人一人と十分に話し合い，機の熟したことを見計らって議題として提出する。

　表2-2に示した7種類のパワーが，学校現場に受け入れられるか否か，スクールリーダーはこれらのパワーをどのようにバランス良く組み合わせて，リーダーシップを発揮していくことが望まれるかについては，次節以降において，「スクールリーダーシップの在り方に関する質問紙調査」の結果等を踏まえて考察する。

3　スクールリーダーシップの在り方に関する質問紙調査

⑴　目的と内容

　本研究では，スクールリーダーシップの在り方について，スクールリーダーや一般の教員がどのようにとらえているかを調べるために，無記名の質問紙調査を行った。French & Raven のパワー理論及び岩田（2012）[18]，浅井（2013）[19] の実践を参照しつつ，筆者のスクールリーダーとしての経験知による観点を加えて，表2-3に示す14の質問項目を選定した。これらの質問項目について，「1. 全くそう思わない」～「5. とてもそう思う」の5段階による回答を求めた。また，関連して意見等があれば自由に記述できるようにした。併せて，性別，年代，現在スクールリーダーの立場にいるか，そうでない一般教員かについても回答を求めた。

表 2-3　スクールリーダーシップの在り方に関する質問紙調査項目

質問 1　スクールリーダーに必要な力（パワー）として，以下の項目に 5 段階で答えてください。 （1. 全くそう思わない　　2. あまりそう思わない　　3. どちらとも言えない　　4. 少しそう思う　　5. とてもそう思う）
(1)　命令を発し，従わなければ罰を与える強制パワー
(2)　昇進や表彰を推薦する報酬パワー
(3)　指示・命令や指導助言に，正当性があると判断させる正当パワー
(4)　リーダーに人間的魅力を感じて尊敬し，「あの人のようになりたい」と思わせる準拠パワー
(5)　専門的知識の豊富さ，正確さ，経験などによって及ぼす専門パワー
(6)　限られた人しか持っていない情報を持ち，その情報を巧みに発信する力を持つ人が及ぼす情報パワー
(7)　会議にかける前に，関係する人に事前に説明して理解を得る努力をする根回しパワー
質問 2　スクールリーダーはどうあるべきだと思いますか。以下の項目に 5 段階で答えてください。 　なお，「将来のビジョンを語る」「仕事への責任感」等の当然な責務は，質問項目から除外しています。（5 段階の内容は，質問 1 と同じ。）
(1)　スクールリーダーは，チームの中で一番優秀でなければならない。
(2)　スクールリーダーは，自分の優秀さをアピールする前に，チームの教職員を認め，頼りにする。
(3)　チームの教職員からの報告が遅いときは，自分から声をかけずに，ひたすら報告を待つ。
(4)　チームの教職員に対して，「仕事は仕事」，「私事は私事」とシビアに割り切って対応する。
(5)　仕事に対しては，結果がすべてであり，そのプロセスは評価しない。
(6)　いつもネガティブな発言をして，やる気を失っている教職員にも，何か理由があると思う。
(7)　優秀な教職員はほめそやし，仕事のできない教職員に対しては冷たくあしらう。
その他 　質問 1，2 に関連して，もし他にご意見等がありましたら，裏面にご自由にお書きください。

第 2 章　スクールリーダーシップについて

⑵　**方法**

　筆者の講義や講演会の参加者に，その場で質問紙に記入を依頼した。リーダーシップに関する内容の講演等では，筆者の主観に影響されないようにするため，講演等の最初の時間に記入を依頼した。また，調査対象を拡大するために，本学卒業者や愛知県立高校のスクールリーダー等に郵送によって質問紙を送付し回収した。質問紙の「1.全くそう思わない」〜「5.とてもそう思う」の 5 段階に，それぞれ 1 点〜 5 点を配点し，各質問項目の平均点，標準偏差を算出した。スクールリーダーと一般教員との間に差異が認められるかどうかについては，t 検定によって検討した。

⑶　**調査対象者**

　愛知県内及び三重県内の公立学校（小学校・中学校・高等学校・特別支援学校）の教員 114 名に調査の協力を依頼し，112 名から回答を得た。そのうちスクールリーダーは 76 名，一般の教員は 36 名であった。スクールリーダー 76 名のうち，校長・教頭等の管理職は 57 名であり，校務分掌主任は 19 名であった。また，スクールリーダー 76 名のうち，男性は 63 名，女性は 13 名であり，年齢については 50 代が 60 名であった。

4　スクールリーダーシップの在り方に関する質問紙調査の結果考察

⑴　**調査結果**

　調査結果を表 2-4 及び図 2-1 〜 2-14 に示す。各質問項目の回答について，スクールリーダーと一般教員との間の有意差について調べた。t 検定を行った結果，表 2-4 に示すように質問 2-⑷，2-⑸については，1 ％の有意水準で有意差が認められたが，他の質問項目については，スクールリーダーと一般教員との間に有意な差異は認められなかった。そのため，質問 2-⑷，2-⑸以外は，教員全体としての傾向について考察する。なお，性別，年齢による比較については，より多くのデータ収集が必要であり，今後の課題とした。

表 2-4　スクールリーダーシップの在り方に関する質問紙調査の結果集計
（スクールリーダーと一般教員との比較）

質問項目	教員全体（N=112）		スクールリーダー(N=76)		一般教員（N=36）		t 値
	平均値	標準偏差	平均値	標準偏差	平均値	標準偏差	
1-(1)	2.30	1.09	2.20	1.03	2.53	1.18	1.51
1-(2)	3.07	1.09	3.00	1.07	3.22	1.12	1.01
1-(3)	4.54	0.70	4.46	0.76	4.70	0.52	1.67
1-(4)	4.51	0.63	4.51	0.62	4.50	0.65	0.10
1-(5)	4.61	0.58	4.58	0.59	4.67	0.53	0.75
1-(6)	3.54	1.03	3.58	1.05	3.47	1.00	0.51
1-(7)	4.01	0.90	4.09	0.85	3.83	0.97	1.44
2-(1)	2.74	1.00	2.76	1.02	2.69	0.98	0.34
2-(2)	4.56	0.64	4.62	0.59	4.44	0.73	1.35
2-(3)	2.00	0.86	2.03	0.88	1.94	0.83	0.47
2-(4)	2.88	0.97	2.70	0.91	3.25	1.00	2.91**
2-(5)	1.72	0.73	1.59	0.59	2.00	0.89	2.87**
2-(6)	4.14	0.72	4.17	0.76	4.08	0.65	0.60
2-(7)	1.51	0.82	1.54	0.84	1.44	0.77	0.57

$**p < .01$　　　$(df=110)$

⑵　結果考察

質問 1-⑴　「命令を発し，従わなければ罰を与える強制パワー」について

　「命令を発し，従わなければ罰を与える強制パワー」についての回答は，図 2-1 に示す結果となった。

　「命令を発し，従わなければ罰を与える強制パワー」について，スクールリーダーに必要な力（パワー）としては，「全くそう思わない」「あまりそう思わない」が合計 64％であり，否定的にとらえる傾向が見られる。「強制パワー」は，French & Raven のパワー理論の最初に掲げられているものであり，民間企業や官公庁をはじめいかなる組織体でも必要なものであろう。規律の厳しい軍隊のような組織では絶対的に必要なパワーである。米国の統合参謀本部議長を勤めた元国務長官の C. パウエル（2012）は，「リーダーは部下に対し一定の権限を持っている。仕事に関して服従を期待・要求できるし，服従しない部下や期待した成果をあげられない部下に対してはさまざま

第 2 章　スクールリーダーシップについて

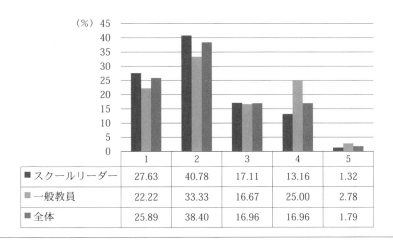

(注)　1 ＝全くそう思わない　　2 ＝あまりそう思わない
　　　3 ＝どちらとも言えない　4 ＝少しそう思う　5 ＝とてもそう思う
　　　上記の数値は，％。(以下，図 2-14 まで同様)

図 2-1　質問 1-(1)「強制パワー」

な手を打つことができる。給与を引き下げる，降格するなどができるのだ。特に軍隊の場合，命令に違反すると厳しい罰が下される。」[20] と述べている。

　しかし，彼は，同時に，「服従だけでも仕事はすませられるかもしれないが，やる気を引き出すのは難しいだろう。服従から仕事に対する誇りやいい仕事をしようという気概が生まれるとは考えにくい。」[21] と述べている。軍隊のような組織でも，命令と服従だけでは，活力ある組織は生まれないことを指摘している。

　学校では，校長は職員に対して必要なときには職務命令を発出し，従わなければ職務命令違反で教育委員会が処分を行うこともある。しかし，そのような命令のみに頼っていては，創意工夫ある学校経営は生み出しにくいと考えられる。

　学校の危機管理においても，命令と服従だけに頼っていては，第 3 章 2 節等で考察するように，組織メンバーの臨機応変で迅速かつ主体的な対応が

困難となる。

質問 1-（2）「昇進や表彰を推薦する報酬パワー」について

「昇進や表彰を推薦する報酬パワー」についての回答は，図 2-2 に示す結果となった。

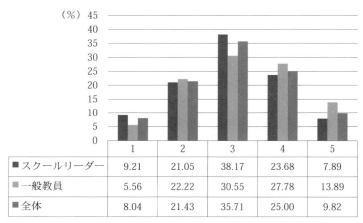

図 2-2　質問 1-(2)「報酬パワー」

「昇進や表彰を推薦する報酬パワー」については，「どちらとも言えない」という回答が 36 ％と最も多く，迷いが感じられる。質問紙の自由記述欄に，「教師は，生徒の成長に生きがいを感じるものであり，昇進や表彰を目的とはしていない。」という指摘があったが，そのような教師の気概も回答に影響を与えていると推測される。しかし，優れた教育実践に対して，何らかの報償を与えることは，「部下がすばらしい仕事をしたら，それに十分報いなければならない。」[22] という J. ウェルチ（ゼネラル・エレクトリック社（GE）の最高経営責任者（CEO））の言葉のとおり，モチベーションを高める普遍的な方法である。民間企業のような給与アップや賞与という金銭的な報酬は，校長をはじめとするスクールリーダーの権限を越えているので困難であるが，努力に報いる何らかの手立ては必要であると考える。

第2章　スクールリーダーシップについて

質問1-(3)　「指示・命令や指導助言に，正当性があると判断させる正当パワー」について

「指示・命令や指導助言に，正当性があると判断させる正当パワー」についての回答は，図2-3に示す結果となった。「少しそう思う」及び「とてもそう思う」と回答した者の合計は，全体の95%に達しており，教員の思考傾向を示していると考えられる。

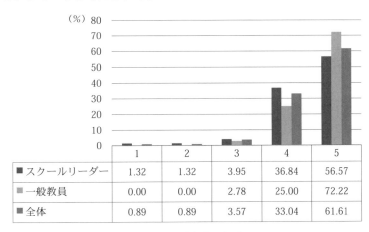

図2-3　質問1-(3)「正当パワー」

学校教育法や学習指導要領等の法規に基づき，指示・命令や指導助言を行い，普段から遵法精神を大切にするスクールリーダーは，教員社会では支持される傾向が強いと考えられる。

また，指示・命令や指導助言の組織上の正当性についても注意を払う必要がある。例えば，生徒指導主事が教務分掌事項について，教務主任を差し置いて指導助言を行っても受け入れてもらえないということである。

質問1-(4)　「リーダーに人間的魅力を感じて尊敬し，『あの人のようになりたい』と思わせる準拠パワー」について

「リーダーに人間的魅力を感じて尊敬し，『あの人のようになりたい』と思わせる準拠パワー」についての回答は，図2-4に示す結果となった。「少しそう思う」及び「とてもそう思う」と回答した者の合計は，全体の約93%

に達しており，高い肯定的支持を得ている。

中央教育審議会答申『新しい時代の義務教育を創造する』（2005）には，「総合的な人間力」が必要として，「教師には，子どもたちの人格形成に関わる者として，豊かな人間性や社会性，常識と教養，礼儀作法をはじめ対人関係能力，コミュニケーション能力などの人格的資質を備えていることが求められる。また，教師は，他の教師や事務職員，栄養職員など，教職員全体と同僚として協力していくことが大切である。」[23] と述べられている。一般の教員においても総合的な人間力が求められる今日，スクールリーダーに人間的魅力が求められるのは，必然であろう。

人間的魅力を構成する要素は，数多くあるが，その中の一つにサーバントリーダーシップがある。K.ブランチャード（2007）は，「サーバントリーダーは，部下の目標達成を助けるのが自分たちの役割と考えている。どうすれば部下が成功できるかと，たえず考えている。」[24] と述べている。学校では，校長がビジョンを示し，教職員がそれを理解すると，どうしたら各教職員が目標達成を首尾良く成し遂げられるかに，常に心配りをするようなスクールリーダーである。そうしたリーダーの下では，自発的によりよく働こうとする意欲が湧き出るものである。

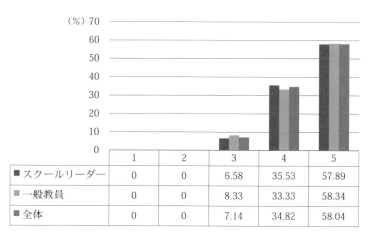

図2-4　質問1-(4)「準拠パワー」

第2章　スクールリーダーシップについて

　同様の考え方として，佐藤（2009）は，支援的リーダーシップに言及している。彼は，「校長と教頭は現場に浸り，児童の悩みに向き合って，担任とともに展望を切り拓こうとしている。その結果，管理職に対する信頼感は高まり，職員室の雰囲気が温かくなっている。このような支援的リーダーシップが，教師のモラールと同僚性を高め，子どもの学びを豊かにするのである。」[25] と指摘しているが，このことは，スクールリーダーシップの要諦の一つであると考えられる。

質問 1-(5)　「専門的知識の豊富さ，正確さ，経験などによって及ぼす専門パワー」について

　「専門的知識の豊富さ，正確さ，経験などによって及ぼす専門パワー」についての回答は，図2-5に示す結果となった。「少しそう思う」及び「とてもそう思う」と回答した者の合計は，全体の96％に達しており，高い肯定的支持を得ている。

　教育職員養成審議会の第1次答申『新たな時代に向けた教員養成の改善方策について』（1997）において，「教員に求められる資質能力」について検討がなされている。そこでは，「いつの時代も教員に求められる資質能力」として，「学校教育の直接の担い手である教員の活動は，人間の心身の発達

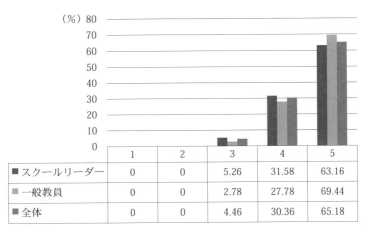

図2-5　質問 1-(5)「専門パワー」

にかかわるものであり，幼児・児童・生徒の人格形成に大きな影響を及ぼすものである。このような専門職としての教員の職責にかんがみ，教員については，教育者としての使命感，人間の成長・発達についての深い理解，幼児・児童・生徒に対する教育的愛情，教科等に関する専門的知識，広く豊かな教養，そしてこれらを基盤とした実践的指導力が必要である。」[26]と再確認がなされている。このように，一般の教員においても，専門的知識は不易の力量として常に求められており，スクールリーダーに「専門パワー」が求められるのは，当然のことであろう。

最近，公募制度で就任した民間出身の校長の中に，一部ではあるが，不祥事等により教育者としての「専門パワー」に疑問が投げかけられる事例[27]が報道されている。単純に「民間出身だから良い」というのではなく，どこの出身であろうが，「正当パワー」，「準拠パワー」，「専門パワー」等を兼ね備えたスクールリーダーが求められているのである。

今日，世界で最も影響力のある経営学者の一人といわれるH.ミンツバーグ（2004）は，企業経営に関して，「アメリカだけでも，10年で100万人近くのMBA取得者が経済界に送り出されている。その大半は，顧客や従業員，製品や工程に関する現場の知識をろくにもっていない。それなのに，そういう知識を実際にもっている人たちを管理することが期待されている。広範な現場経験を積むという唯一の可能な方法でその知識を身につけた人たちが，MBAという肩書きがないというだけの理由でしだいに出世コースから外されて，本来はその資格のない人間のリーダーシップに従うことを強いられているのだ。」[28]と警鐘を鳴らし，さらに，「大事なのは，指揮命令より，理解し，助け合うこと。そのためには，マネジャーがネットワークの中に入っていかなくてはならない。知識もないのに，リーダーの座に就こうという意思だけもってパラシュートで舞い降りてもうまくいかない。そのチームにどっぷり浸かって，リーダーシップを勝ち取っていくべきなのだ。」[29]と指摘している。今日の教育行政に関して，一部に根強くある，「学校経営は，学校の先生ではなく，経営のプロである民間企業人に任せるべきだ。」という主張に対して，ミンツバーグは明快な反論回答を与えていると考えられる。

第2章　スクールリーダーシップについて

質問 1-(6)　「限られた人しか持っていない情報を持ち，その情報を巧みに発信する力を持つ人が及ぼす情報パワー」について

「限られた人しか持っていない情報を持ち，その情報を巧みに発信する力を持つ人が及ぼす情報パワー」についての回答は，図2-6に示す結果となった。「少しそう思う」及び「とてもそう思う」と回答した者の合計は，全体の60％弱であるが，否定的な回答も20％弱ある。

スクールリーダーは，児童生徒とその保護者，教職員，さらには地域住民等，極めて多数の人々の情報と日常的に関わっている。いじめ事件などの生徒指導上の問題を未然に防止するためにも，アンテナを高くし，児童生徒の発する重要なサインを見逃さないようにすることが大切である。必要な情報を日頃から収集し，万一，事件が起こったときには，これまでに蓄積した情報を発信し，教職員と共有して解決に導くことができれば，リーダーとしての評価は一層高まることであろう。

中国の古典『孫子』にも，「明主賢将の動きて人に勝ち，成功の衆に出ずる所以の者は，先知なり。」[30)]とあるように，的確な情報を先んじて得て，それに基づいて対策を建てていくことは，古来からの不易の知恵である。

しかし，今日のような情報化時代にあっては，情報を特定の限られた者だ

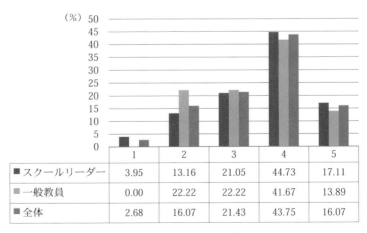

図2-6　質問1-(6)「情報パワー」

けが持っているという状態は，生じにくくなっている。2013年に最も影響力のある経営思想家（Thinkers50）の一人に選ばれた D. H. ピンク（2014）は，「20世紀には，（中略）上司は部下よりも多くの情報を握ることで権力を維持していました。ところが21世紀の今は，（中略）部下もちょっとネット検索すれば，上司に対して『あなたの見解は間違っている』と，反論することができます。」[31]と指摘し，21世紀においては，「情報という後ろ盾を失った結果，相手と同じ立場に立ち，相手の視点から物事を見つめることで，自分と相手の間に共通点を見つけ，共感によって人を動かす，といったやり方にシフトしている。」[32]と語っているが，スクールリーダーにとっても傾聴に値する言葉である。

質問1-(7)　「会議にかける前に，関係する人に事前に説明して理解を得る努力をする根回しパワー」について

「会議にかける前に，関係する人に事前に説明して理解を得る努力をする根回しパワー」についての回答は，図2-7に示す結果となった。「少しそう思う」及び「とてもそう思う」と回答した者の合計は，全体の79％あり，比較的高い肯定的支持を得ている。

職員会議において，円滑に合意形成を図るためには，案件に関係する者に

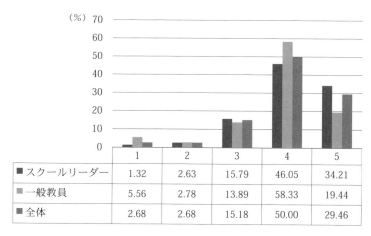

図2-7　質問1-(7)「根回しパワー」

第2章 スクールリーダーシップについて

事前に十分な説明をして，不都合な点があれば修正し，十分に練り上げた議案を提出することが望ましい。そうした努力が無用な意見対立を回避させ，校内の協力的で温かい雰囲気を醸成することにつながるのである。

国政においても，トップリーダーが関係閣僚に対して事前説明をしないで記者発表し，その後のチームワークに支障をきたした事例[33]があり，スクールリーダーにとっても他山の石となり得る。

質問 2-(1)　「スクールリーダーは，チームの中で一番優秀でなければならない」について

「スクールリーダーは，チームの中で一番優秀でなければならない」についての回答は，図 2-8 に示す結果となった。「全くそう思わない」及び「あまりそう思わない」と回答した者が全体の 45％と多数であるが，「少しそう思う」及び「とてもそう思う」と回答した者も全体の 24％あり，意見に散らばりが見られた。

スクールリーダーが，様々な面で優秀であることは，決して否定されることではない。筆者は，2012 年 10 月に米国オレゴン州コーバリス市のライナス・ポーリング・ミドルスクール[34]を訪問したが，同校の校長は 35 歳と極めて若かった。その若さでどうして校長になれたのかと質問したところ，

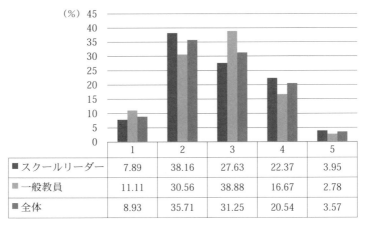

図 2-8　質問 2-(1)「スクールリーダーは，チームの中で一番優秀」

校長は,「良い授業ができるからだ。」と自信を持って明快に答えた。授業が下手では,学校のリーダーとして誰も認めてくれないとも語っていた。

しかし,「チームの中で一番優秀でなければならない」かというと,必ずしもその必要がないことは多くの実例が示している。スポーツの分野においても,高校野球の監督が過去に名選手であった必要性もないし,また名選手が必ずしも名監督になれるわけではない。日本たばこ産業の歴代最年少支店長として実績を上げた浅井(2013)[35]は,「これぐらいはやって当たり前だと,リーダーが自分の優秀さを部下に押しつけ,部下の心が離れていく。」と指摘し,「リーダーは"優秀さ"を捨てなさい。」と主張している。

リーダーは本来様々な面で優秀であるべきだが,その優秀さを包み隠す謙虚さが同時に求められるのである。

質問2-(2) 「スクールリーダーは,自分の優秀さをアピールする前に,チームの教職員を認め,頼りにする」について

「スクールリーダーは,自分の優秀さをアピールする前に,チームの教職員を認め,頼りにする」についての回答は,図2-9に示す結果となった。「少しそう思う」及び「とてもそう思う」と回答した者の合計は,全体の92%あり,高い肯定的支持を得ている。

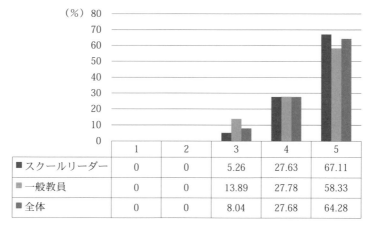

図2-9 質問2-(2)「チームの教職員を認め,頼りにする」

第2章　スクールリーダーシップについて

　教員集団は，元来，高学歴集団であり，プロ意識が高い。この調査結果は，スクールリーダーから頼られれば，教員は意気に感じて懸命に努力する性向があることを示している。

　江戸時代の儒学者・佐藤一斎は，『重職心得箇条』の中で，「重職小事を自らし，諸役に任使する事能わざる故に，諸役自然ともたれる所ありて，重職多事になる勢いあり。」[36)]と述べている。部下にできる仕事は部下に任せることで，リーダーは全体を見る余裕も生まれ，任せられた部下は，信頼されているというインセンティブを得て，一層の意欲をもって仕事の遂行に当たることができるのである。

　GE の CEO であった J. ウェルチは，「部下の邪魔をせず，部下が持てる力を存分に発揮できるようにしなければならない。」[37)]と語っている。この言葉は，スクールリーダーにとっても価値あるものであろう。

質問2-(3)　「チームの教職員からの報告が遅いときは，自分から声をかけずに，ひたすら報告を待つ」について

　「チームの教職員からの報告が遅いときは，自分から声をかけずに，ひたすら報告を待つ」についての回答は，図2-10 に示す結果となった。「全くそう思わない」及び「あまりそう思わない」が合計 77％であり，否定的に

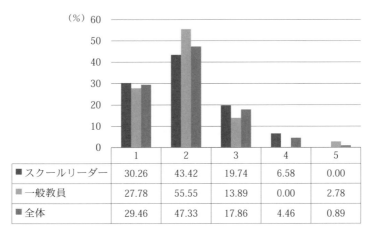

図 2-10　質問 2-(3)「ひたすら報告を待つ」

31

とらえる傾向が強く見られる。

　人を育てるためには，報告が遅くても可能な限りじっと待つ姿勢がリーダーには求められるが，危機に際しては，報告を待つだけでは被害が拡大してしまう。特に，いじめ事案等の危機管理対応においては，スクールリーダーが率先して情報収集に当たらなければならない。

質問 2-(4)　「チームの教職員に対して，『仕事は仕事』，『私事は私事』とシビアに割り切って対応する」について

　「チームの教職員に対して，『仕事は仕事』，『私事は私事』とシビアに割り切って対応する」についての回答は，図 2-11 に示す結果となった。「どちらとも言えない」という回答が 40％と最も多く，回答に散らばりが見られる。また，表 2-4 に示したように，この質問については，スクールリーダーと一般教員との間には，1％の有意水準で有意差が認められた。

　スクールリーダーは，「仕事は仕事」，「私事は私事」とシビアに割り切って対応することに否定的な回答が 43％であったが，逆に一般教員は，このことに対して肯定的な回答が 39％であった。

　スクールリーダーには，教職員の家庭内の不幸やトラブルに対して，支援したいという気持ちがあり，そしてそれは大切なことであるが，一般教員は，

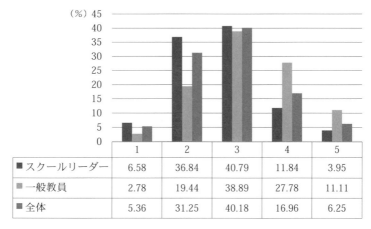

図 2-11　質問 2-(4)「『仕事は仕事』，『私事は私事』」

第 2 章　スクールリーダーシップについて

私的なことには触れられたくないという思いが一部にあるようである。こうした思いにも配慮しつつ，プライベートな困り事にもそれとなく手をさしのべる柔軟性が，学校経営に当たる者には求められる。

質問 2-(5)　「仕事に対しては，結果がすべてであり，そのプロセスは評価しない」について

「仕事に対しては，結果がすべてであり，そのプロセスは評価しない」についての回答は，図 2-12 に示す結果となった。「全くそう思わない」及び「あまりそう思わない」が合計 89％であり，否定的にとらえる傾向が強く見られる。

表 2-4 に示したように，この質問については，スクールリーダーと一般教員との間には，1％の有意水準で有意差が認められた。否定的にとらえる回答が，スクールリーダーでは 97％に達しているのに対して，一般教員では 72％であり，「どちらとも言えない」の回答も，スクールリーダーでは 1％に過ぎないのに対して，一般教員では 22％ある。

スクールリーダーには，たとえ失敗してもその努力を評価しようという気持ちが強くある。しかし，一般教員は，結果だけでなくプロセスも評価してほしいという者が多数ではあるが，一部には，「仕事上のミスやトラブルの

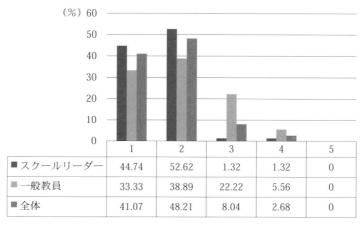

図 2-12　質問 2-(5)「結果がすべて」

多い同僚を補佐するための負担感」（質問紙の自由記述欄より）を感じている者も存在しており，そうした感情を抱いている者は，結果を出せない者に対して厳しい見方をしている。

質問 2-(6)　「いつもネガティブな発言をして，やる気を失っている教職員にも，何か理由があると思う」について

「いつもネガティブな発言をして，やる気を失っている教職員にも，何か理由があると思う」についての回答は，図 2-13 に示す結果となった。「少しそう思う」及び「とてもそう思う」と回答した者の合計は，全体の 86％あり，高い肯定的支持を得ている。

スターバックスコーヒージャパン元 CEO の岩田（2012）は，「たくさんの挫折体験を持ち，苦しい体験を持った人こそ，リーダーになるべきなのです。苦しんでいる人の気持ちがわかるからです。」[38] と述べている。ハーバード・ビジネス・スクール松下幸之助記念講座名誉教授の J. P. コッター（2012）は，有能なリーダーが自分のアイデアを支持させる技術について，「トラブルメーカーを排除するな。招き入れ，敬意を持って接する。データや情報で相手をやっつけようとして，とうとうと反論を述べてはならない。」[39] と語っている。

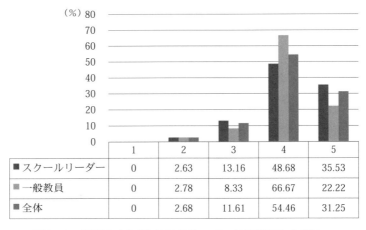

図 2-13　質問 2-(6)「やる気を失っている教職員にも理由」

第 2 章　スクールリーダーシップについて

いつもネガティブな発言をしている教職員にも，何か理由があると思い，日頃から十分なコミュニケーションを行い，誤解があれば解きほぐしていき，学校の充実発展への味方を増やす努力がスクールリーダーには求められている。

質問 2-(7)　「優秀な教職員はほめそやし，仕事のできない教職員に対しては冷たくあしらう」について

「優秀な教職員はほめそやし，仕事のできない教職員に対しては冷たくあしらう」についての回答は，図 2-14 に示す結果となった。「全くそう思わない」及び「あまりそう思わない」が合計 90％であり，否定的にとらえる傾向が強く見られる。

人材育成会社社長の染谷（2011）は，「会社は目的達成のための戦闘組織であり，上下関係があり，大胆な差別がある。いいものと悪いものにはっきり差をつけるのが上司の役割である。（中略）優秀な社員を厚遇し，ダメな社員は冷遇する。（中略）ダメな部下はどうなるか。こんなに冷たくされたら三人のうち二人はやめる。が，一人は冷遇された屈辱をはね返そうと意識を変える。」[40) ］と説く。

しかし，この方法が，学校においてうまく機能するとは考え難い。リーダーには，フォロワーの存在が必須であり，冷たくされたことに恨みを募ら

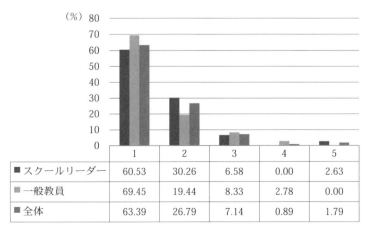

図 2-14　質問 2-(7)「優秀な教職員はほめそやし，仕事のできない教職員に対しては冷たくあしらう」

せる教職員が増えてしまえば，教職員の協力体制が鍵を握る円滑な学校運営は成立しえない。淵上（2010）は，人を育てるリーダーシップとして，今日では，「リーダー主導により，リーダーの指示に忠実な部下を育成するという考えから，自主的・自律的に判断できるような部下を育成するリーダーシップのあり方へ」[41]と世界のリーダーシップ論の潮流が変化していることを指摘しているが，第3章2節で論じるように，想定を超えた事態に対応する危機管理にとっては，自律的に行動できる人材を育成することは極めて重要なことである。

第3章　学校の危機管理とこれからのスクールリーダーシップの在り方について

1　学校の組織について

⑴　学校は，鍋蓋型組織か，ピラミッド型統制組織か，マトリックス型組織か？

　学校の危機管理とスクールリーダーシップの在り方について考察する準備として，学校の組織について概観しておく。

　中央教育審議会答申『今後の教員給与の在り方について』（2007）では，「現在の学校はいわゆる鍋蓋型組織となっており，管理職である校長・教頭以外は職位に差がない教諭が大多数を占めている。」[42]と指摘している。しかしその後の学校教育法の改正により，今日では，事務職員のほかに，校長，副校長，教頭，主幹教諭，指導教諭，分掌主任，教諭（養護教諭，栄養教諭を含めて）と最大で7つの職位を置くことができることになっている。このことにより，学校は，図3-1に示すようなピラミッド型統制組織となっているといえるであろうか。また，そうあるべきだといえるであろうか。

　官公庁では，堅牢なピラミッド型統制組織が確立されており，ミスの少ない容易には崩れない安定した組織となっている。学校においても，職務上の上司の指示・命令に従うべき状況はベースとして存在しており，組織として危機管理にあたり，日常の諸々の教育事務を正確に円滑に成し遂げるために

第3章　学校の危機管理とこれからのスクールリーダーシップの在り方について

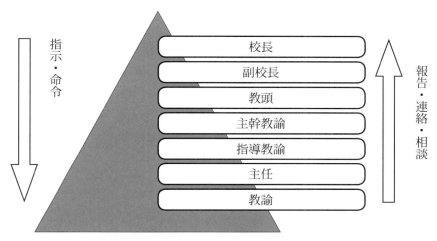

図 3-1　学校はピラミッド型統制組織か？

も，統制組織の側面は必須である。

　しかし同時に，子どもたちが毎日変化していく現場では，「指揮命令，報告相談の伝達が遅い」，「変化に対応しづらく，創造的な仕事がしにくい」といったピラミッド型統制組織の欠点も時として表出してくるのであり，統制組織が万能というわけではない。

　露口（2012）は，学校組織モデルの理論的整理として，ピラミッド型統制組織を「権限集約・垂直的統合・成層化に象徴される統制モデル」と位置づけ，「統制モデルは，校長の人事権・予算権の拡充や主幹教諭・指導教諭の導入等，具体的な政策の裏付けによって定着化しつつある。」[43]と述べている。統制モデルの長所として，校長に権限が集約され，校長が掲げるビジョン・目標を達成しやすくなること，日常的な教育管理業務が円滑に進捗していくことなどがあげられている。

　しかし，統制モデルに対しては，露口（2012）も指摘するように，「目標達成志向がもたらす『予期せざる（有意味な）結果』の排除，成層化された組織形態に基づいて PDCA を実践することで，教師個々の側からの創発的発案が具現化するまでに相当の時間を要してしまうこと，トップへの権限の集約化が図られるため，トップの資質によって組織全体が強い影響を受ける

こと，方針決定への参加の抑制に伴う教員のモチベーションの低下」[44] 等の課題があり，校長一人のリーダーシップに過度に依存する組織は，危機管理上のリスクを内包しているといえる。

民間企業においても，それまで採用していた「部・課・係」のピラミッド型組織では，ニーズの多様化など市場の変化に対応しづらくなり，組織横断的な業務や創造性が求められる業務の増大に対して，「フラット化」[45] と呼ばれる新制度を導入するところも増えてきている。

学校の組織形態の実態に近いものとして，佐藤（2009）[46] は，図 3-2 に示すような機能別組織と事業別組織の両方を融合させたマトリックス型組織を指摘している。教職員は，各学年団に所属すると同時に，各校務分掌の一員でもあり，分掌相互の連携や他学年との協力に，各主任によるリーダーシップの発揮が期待されている。そして，全体を統括する形で校長が学校の進むべきビジョンを示していくのである。

管理職								
		校務分掌						
		教務部	総務部	生徒指導部	進路指導部	生徒会部	保健部	研修部
学年団	1 年							
	2 年							
	3 年							

図 3-2　マトリックス型組織としての学校

(2)　21 世紀の学校はウェブ型組織へ

危機や変化に強い組織であるためには，従来からの鍋蓋型組織，ピラミッド型統制組織，マトリックス型組織では必ずしも十分ではなく，図 3-3 に示すようなウェブ型組織が有効であると指摘[47] されている。ウェブとは，クモの糸が網の目のように張り巡らされたものという意味であるが，全階層・全職員が相互に影響し合って，人とアイデアの絶え間ない行き来が可能な組織である。

H. ミンツバーグ（2007）は，「ウェブ型の組織ではマネジメントはどこに位置するのだろうか。（中略）組織全体を縦横無尽に行き来しながら活動

第3章　学校の危機管理とこれからのスクールリーダーシップの在り方について

するのがウェブにおける効果的なマネジメントのあり方だとわかる。ウェブ型組織というネットワークのなかでは、それがプロジェクトであれグループ間の共同作業であれ、至るところにマネジャーが必要なのである。自分の席を温めてい

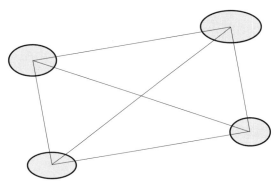

図 3-3　ウェブ型組織

るようではだめで、（中略）組織全体を股にかけて活動するようでなければ、ウェブ型組織のマネジャーとしては失格である。（中略）ウェブ型組織のマネジャーは、組織内の協力を促進しメンバーの熱意を高めるために足を使って動き回るだけでなく、常に組織全体を視野に入れておく必要がある。ウェブとは構成員が実務ノウハウに長け、高い実績を上げることを前提に成り立つ組織であり、そこでのマネジメントの使命は、そうした人々がやる気を持って働けるような環境づくりを行うことである。」[48]と説明している。

孫正義（2012）は、「20世紀の会社組織はピラミッド型の中央集権で大量生産、大量販売を目指すのが普通でした。私たちのグループはWeb型組織、つまり中央集権ではなく、戦略的シナジーグループがどんどん分散・分権して、お互いに自律して協調しあうような自己進化、自己増殖が可能なグループです。」[49]と語っている。21世紀は、知識基盤社会と言われており、1人が考えて49人が従う組織よりも、50人全員が知恵を使う組織の方が強い。多くの職員が知恵を絞り、それを発揮できる環境や裁量が必要である。それは指揮命令系統を明確化したピラミッド型統制組織よりも、自律、分散、協調をベースとしたウェブ型組織の方がより大きな可能性がある。

ピラミッド型統制モデルは、通常の業務遂行の上で、必要不可欠な機能を数多く有していることも事実である。しかし、想定外の危機や成員一人一人の創意工夫への対応が不十分である。構成員が高い能力を持っていることを

前提に成立するウェブ型組織は，これからの学校組織の活性化と危機管理にとって大きな示唆を与えてくれている。ピラミッド型統制組織の長所やマトリックス型組織の長所を生かしつつ，時と場合に応じて，ウェブ型の組織へと柔軟に変化していける「しなやかな学校組織」が求められていると考える。次節での事例考察は，このことを強く支持していると考える。

2　学校の危機管理事例1 ── 地震防災

⑴　釜石の奇跡

2011年3月11日，東日本大震災の津波による死者・行方不明者が1000人を超す釜石市で，小中学生は2921人が津波から逃れた。学校にいなかった5人が犠牲となったが，99.8％の生存率は「釜石の奇跡」[50]と言われている。学校の管理下にあった児童生徒に限らず，下校していた子どもも，多くが自分で判断して高台に避難した。命を救ったのは，それまで数年の防災教育の成果であると考えられる。

釜石市の防災教育の指導に当たった片田は，津波避難三原則[51]として，①「想定にとらわれるな」，②「最善を尽くせ」，③「率先避難者たれ」を掲げ，自然の振る舞いに想定内はあり得ないこと，想定に頼れば想定外の事態に対応できなくなること，一生懸命逃げる姿が周囲の命も助けること等を訴えてきた。

その成果が，ピラミッド型統制組織による指示命令を待つのではなく，教師と子どもたちがウェブ型の組織として機能し，自ら考え主体的に避難行動をとれるようになっていたことに現れたと考えられる。

当地では，地震直後に停電し，校内放送が使用できなくなっていた。教頭がハンドマイクで校庭への避難を呼びかけたときには，子どもたちは，既に自主的に校庭に避難しており，校庭から，防災マニュアルにある避難場所に到達しても，津波を避けようとしてさらに高台へと臨機応変に避難行動がとれたことが，子どもたちの多くの命を救ったのである。

⑵　大川小学校の悲劇

東日本大震災の津波により，多くの学校が被害を受けたが，とりわけ深

第3章　学校の危機管理とこれからのスクールリーダーシップの在り方について

刻な状況となったのが石巻市立大川小学校（所在地：石巻市釜谷山根1）であった。当校では，想定震度6弱の揺れに見舞われた。

『大川小学校事故検証報告書』（2014）[52]（以下，『報告書』と記す）によれば，地震発生当時，在籍する児童108名のうち103名，教職員13名のうち11名が在校（下校のため学校付近にいた者を含む）しており，地震の揺れを受けて，校庭へ避難を行った。その後，保護者等への引き渡し等により下校した児童27名を除く児童76名，教職員11名が津波に遭遇し，うち5名（児童4名，教職員1名）が助かったものの，残る多くの児童・教職員が被災した。

『報告書』には，当校の防災体制の分析がなされているが，津波災害への想定と準備が不十分であったことが指摘されている。多数の児童・教職員が被災した要因について，『報告書』では，大川小学校の教職員集団が下した意思決定において，「避難開始に関する意思決定の時期が遅かったこと，及びその時期の避難であるにもかかわらず避難先として同校より標高は高いものの河川堤防に近い三角地帯を選択したこと」の2点を最大の直接的な要因であると結論づけている。

当校の災害時初動体制については，「校長・教頭が，本部として安否確認・避難誘導班，安全点検・消火班，保護者連絡班などを統括し，情報の収集や，児童・教職員への説明・指示を与えること」と定められていた。しかし当日は，『報告書』によれば，「積極的な情報収集が行われていたとは言い難く，（中略）マニュアルに定められた本部としての対応は必ずしも十分に行われていなかった」とし，その要因として，「当日は本部の役割を担う2名のうち校長が不在であったこと，電話回線の輻輳等により電話が利用できなかったことなど，マニュアルで想定されていない状況があったこと」を指摘している。

さらに，「緊急時においては，マニュアルが想定していなかった事態や刻々と変化する状況に応じた臨機応変な対応が求められる。しかしながら震災当日の大川小学校においては，『校庭からより安全な場所に避難する』という判断を迅速に下すことができなかった。教頭をリーダーとした組織的か

つ積極的な情報収集と，活発な議論に基づく柔軟かつ迅速な意思決定がなされていれば，もっと早い時点で三次避難が開始されていた可能性があることは否定できない。」と分析している。

緊急時に校長が不在であることは，十分にあり得ることである。巨大地震では，停電や携帯電話基地局の損壊等により，通信手段も奪われてしまう。したがって，校長の指示・命令のみに頼り切っている組織は，脆弱となる。たとえピラミッド型統制組織が確立していたとしても，それが機能しないような危機のただ中にあっては，スクールリーダー一人一人がウェブの中心として自主的に判断し行動できるような組織に成長させる必要がある。

被災した児童のある母親は，「私も，ほかの亡くなった子の親も，『どうして助けてあげられなかったのか』と自分を責める日々なんです。でも，子供たちは学校の管理下にあって，先生の判断を仰ぐしかなかったんです。なぜ裏山に逃がしてくれなかったのでしょうか……」[53]と訴えており，遺族らは，学校側が高台に避難させるといった安全配慮義務を果たさなかったとして，石巻市と宮城県を相手取り，損害賠償請求訴訟を仙台地裁に提訴した。

このように，校長不在時におけるスクールリーダーの責務は大変重いのである。

3　学校の危機管理事例2── いじめ事件対応

⑴　大津市立中学校のケーススタディ

2011年10月11日朝，大津市立中学校2年男子生徒Aが自宅付近で自死した。遺書は無かったが，学校は遺族の希望もあり，全校生徒にアンケート調査を実施した。その結果，3人の男子生徒によるAに対する陰湿ないじめ行為の実態が明らかになった。その後の学校及び市教育委員会の対応のまずさもあり，全国的関心を集める教育問題となった。

大津市立中学校におけるいじめに関する第三者調査委員会は，個人情報に配慮し，一部を黒塗りにした上で『調査報告書』[54]（2013）を公表した。そこには，生徒と担任による学級日誌の記述が報告されており，4月当初の良好な雰囲気の学級が次第に崩壊していく様子が分かる。6月上旬までは概

第3章　学校の危機管理とこれからのスクールリーダーシップの在り方について

ね落ち着いた授業風景であったクラスが，6月中旬頃から荒れはじめる。日誌に，授業中の消しゴム投げの記述が見られるようになり，「最近，クラスの雰囲気が乱れてきていると思う。」「最近授業中立ち歩いている人がいる。」という指摘がなされている。これらの生徒の声に対して担任は，「授業中騒がしくなっているのですか？」というコメントを書いているが，具体的な行動を起こした形跡がない。また，『調査報告書』には，「授業中に菓子を食べたり，携帯型デジタルオーディオプレーヤーを聞いたりする生徒もいた。」「このクラスの生徒の関係がグループごとにばらばらで，クラス全体の雰囲気への嫌悪感から，隣のクラスで授業を受けたという生徒もいた。」との指摘がある。さらには，生徒Ａが自死した当日，まだその事実を生徒たちが知らされていない状況での学級日誌には，「こんな状況の学級は今まで見たことがない。生徒がてんでばらばらで勝手に私語をしており，教員の方を向くこともない，しかも熱のない雰囲気。異様な光景だった。」と記されている。いじめ事件は，このような学級の規律の崩壊の中で生じたのである。

　このような特定のクラスでの規律の崩壊に対して，校長をはじめとするスクールリーダーが積極的かつ具体的な行動を起こした形跡が認められない。学校が，本章1節で述べたいかなる形態の組織としても機能していなかったのである。その後，教育委員会は，事件発生時の校長に対して，いじめに適切に対応するための体制づくりを怠ったこと，教員らへの指導・監督を怠ったこと，保護者や社会に説明責任を果たさなかったことについての責任を免れることはできないとし，減給の懲戒処分を行い，校長は依願退職した。事件当時の教頭，被害者の在籍していた学年主任も処分の対象となった。

　いじめ事件の背景として，学校の規律の崩壊が指摘される事例は，他にもある。

　1986年2月東京都中野区立中野富士見中学校2年男子生徒Ｓのいじめによる自死事件である。東京高等裁判所の判決文には，「中野富士見中学校では，Ａ及びＢを中心とする本件グループの生徒らが第2学年第1学期早々からグループ化し，学校内外で，喫煙，怠学，授業の抜け出し，授業妨害，教師に対する反抗，弱い者いじめ等の問題行動を繰り返すようになったが，

第2学期以降その問題行動は急激に悪質となり，やがて3年生のグループとも連携して授業の抜け出し，授業妨害，壁，扉等の損壊，教師に対する反抗，暴行，他の生徒らへの暴行等が更に頻発するようになった。そして，それらの問題行動を防止するため，9月頃からは教師らが休憩時間や自らが授業を担当しない時間帯に廊下等の見回りをし，11月からは保護者らの有志も授業時間中の廊下を巡回するという異常事態となったが，事態は一向に改善されず，Sの自殺に至るまでの間，悪化の一途をたどっていた。」[55]とある。

スクールリーダーは，「いじめは絶対に許さない」という強いメッセージを，気迫を持って生徒に訴え，状況に応じた積極的な行動を，学校組織として起こすことが強く求められる。

4 学校の危機管理事例3 ── 教職員の不祥事防止

⑴ 懲戒処分等の状況

教職員の不祥事は，あってはならないことであり，校長をはじめとしてスクールリーダーは細心の注意を払わなければならない事柄である。公立学校においては，教職員は地方公務員であり，地方公務員法第30条の規定を引用するまでもなく，全体の奉仕者として公共の利益のために勤務し，職務の遂行に当たっては，全力を挙げてこれに専念しなければならない。また，地方公務員法第33条に規定されているように，その職を傷つけ，又は職員の職全体の不名誉となるような行為をしてはならない。とりわけ，児童・生徒の教育の任にある教職員には，人間として尊敬される規範意識の高い行動が求められている。

しかしながら，残念なことに，教職員の不祥事の根絶には，未だ至っていない。表3-1に2010年度と2012年度における公立学校の教育職員に係る懲戒処分等の状況について，文部科学省の調査資料[56]を元に比較して示す。体罰事案が急増しているのは，大阪市立高校における体罰が原因とされる生徒自殺事件により，各県での調査が徹底したことによると考えられる。また，その他の処分事由が急増している要因は，北海道及び札幌市における教職員

第3章　学校の危機管理とこれからのスクールリーダーシップの在り方について

給与費の適正執行等に関する調査に関する処分によるものであり，特殊要因であると考えられる。

表 3-1　教育職員に係る懲戒処分等の状況について（文部科学省資料 56) より作成）

処分事由	2012 年度		2010 年度	
	懲戒処分者数	訓告等を含めた総数	懲戒処分者数	訓告等を含めた総数
交通事故	286	3,225	349	2,636
体罰	176	2,253	131	357
わいせつ行為等	167	186	152	175
個人情報の不適切な取扱いに係るもの	41	382	53	221
その他	298	4,781	220	915
合計	968	10,827	905	4,304

(2)　不祥事の要因と従来からの対策

　教職員の不祥事が生じる要因としては，内的要因として，「人格の未熟さ，不適切な『癖』，意思疎通の困難さなどの人格特性，認知の歪み（勘違い），コンプライアンス意識の欠如などの思考特性，家庭の問題など私生活に関するストレス」等が，外的要因として，「児童生徒に対する圧倒的な優位性と適正な距離感の喪失，人間関係の希薄化，相互不干渉によるコミュニケーション不足，教員への要求の多様化による心身の余裕のなさや達成感の劣化」等がそれぞれ指摘 57) されている。

　不祥事防止対策については，各自治体の教育委員会等において，不祥事根絶に向けて精力的な努力がなされているところである。主な防止対策としては，次の 4 項目が一般的である。

　①　教職員としての自覚を高める
　②　不祥事防止チェックリストの配布
　③　罰則の強化
　④　不断の研修

しかし，現状を見ると，上記4項目のみでは十分とはいえない。

不祥事の責任は基本的には，不祥事を起こした当人にある。しかも，ほとんどの場合，その違法性を認識している。不祥事根絶を図るためには，これを個人の問題として片付けるのではなく，スクールリーダーシップの観点から眺める必要がある。周囲の教職員が予兆を敏感に察知し，本人への声かけや同僚及び管理職員との連携等を通して全教職員で不祥事を防ぐ体制作りが，今学校に求められている。

長崎県教育委員会は，不祥事根絶を目指すための校内研修資料の中で，「様々な分野で実績が上がっている学校に共通していることは，その学校の教職員がベクトルを同じくし，学校のチーム力が機能しているということです。不祥事防止は，それそのものが目的ではありますが，同時に不祥事根絶に取り組む中で，学校のチーム力を高め，児童生徒への教育効果を高めてほしいと願っています。」[58]と述べている。次節で述べる「チーム効力感」と同様の着目点を持っていると考えられ，注目される研修の試みである。

5　学校の危機管理は「チーム効力感」が鍵

学校は，児童生徒，教職員をかかえ，保護者，地域等と様々な関わりの中で常に変化している。決して定常状態や平衡状態にあるのではない。ノーベル化学賞受賞者I.プリゴジン（1977）[59]は，散逸構造理論を提唱したが，非平衡状態においては，ミクロのゆらぎが，マクロの挙動を支配するのである。学校はまさに非平衡状態にあり，児童・生徒，教職員の中のわずか一人の行動でも事件に発展し，学校全体の挙動を支配してしまうのである。そこでは，ホロン経営論[60]でも主張されているように，個が全体であり，全体が個であるのである。

A.バンデューラ（1995）は，「人間の働きのメカニズムのなかで，自分のもつ力を信じることほど主要な，力強いものはない。自己効力に気づくということは，予測される状況を管理するのに必要な行動を計画したり，実行したりするための能力にかかわってくる。」[61]と指摘している。彼は，個人の効力感（self efficacy）をさらに発展させた集団的効力感（collective

第3章　学校の危機管理とこれからのスクールリーダーシップの在り方について

efficacy）に着目し，集団としての学校の効力感について，「教師は，社会システムの相互作用のなかで，独立的にではなく，集団的に働いている。学校職員が扱いの難しい生徒の学業的成功を達成させることに自分たちを力のないものと考えている学校は，学校全体に充満する可能性のある，学業的に無気力な集団感覚を伝えるのである。逆に学校職員が自分たちを学業的成功を促進する能力があると考える学校は，自分たちの学校に，発達のためのポジティブな雰囲気を広めることができる。」[62]と述べている。

　高田（2003）[63]は，バンデューラの集団的効力感を「チーム効力感」と呼び，危機管理に応用して論じた。彼女は，チーム効力感を「各メンバーの持つ自己効力感が，チーム活動という相互作用を通じて，チームレベルで共通して持つ効力感となったもの」と定義し，具体例として地下鉄サリン事件（1995）において聖路加国際病院の救急センターがとった対応を取り上げて詳述している。それによれば，目の痛みや呼吸困難を訴える患者が病院の対応能力を超えて殺到したが，日野原重明院長はトップリーダーとして「すべての患者を受け入れる」という大方針の意志決定をし，それを館内放送で病院中に伝えた。そこから，病院の各スタッフは自律行動者として自分の頭で考え創意工夫し，各自が意志決定して危機を乗り越えていった。トップである院長への権限集中ではなく，各現場への権限委譲が見られ，本章1節-(2)で述べたウェブ型の組織へと移行していったものと考えられる。

　なお，チーム効力感（集団的効力感）を獲得するための4要素として，バンデューラは，制御体験，代理体験，社会的説得，生理的状態を主張した（図3-4）。制御体験とは，「何かをやり遂げた」という達成体験のことであり，

図3-4　チーム効力感（集団的効力感）の4要素

仕事での様々な成功体験をチームで積み重ねることにより，チーム効力感が形成されていく。代理体験とは，他人の行動を観察することによって代理的に得られる制御体験であり，例えば他校の成功事例を学ぶことで，自分達も同様に成功できるという信念を持つことである。社会的説得とは，リーダーから「あなたたちならばできる」などと激励されて行動することである。生理的状態とは，チームメンバーの生理的な状態（心身の健康）が良好であることである。

学校組織がチーム効力感を持てば，学校の構成員である教職員一人一人が，自分と学校とを同一視し，自律行動者として責任ある行動をとれるようになるであろう。このチーム効力感こそが，想定外の事態やいじめ防止，不祥事防止等の危機管理のための鍵であり，今後，より重視されてよいと考える。

また，グループへの働きかけについては，津村・石田・中村（2010）は，教育ファシリテーションの立場から「ファシリテーターにとって重要なのは，ファシリテーションの技法よりも，グループのプロセスをとらえる力（感受性）や，とらえたプロセスに基づいて働きかけていく人間力だ。」[64] と指摘している。学校の危機管理の観点から，教育ファシリテーションの考え方や技法 [65] をスクールリーダーが学ぶことは重要であり，今後の課題でもある。

6 サーバントリーダーシップの考え方

リーダーシップの在り方をこれまで論じてきたが，近年，「サーバントリーダーシップ」という考え方が，米国から伝えられてきている。その特徴は，次の 10 項目 [66] であるとされる。

①傾聴，②共感，③癒し，④気づき，⑤説得，⑥概念化，⑦先見力・予見力，⑧執事役，⑨人々の成長に関わる，⑩コミュニティづくり。

この 10 項目の特徴は，三隅のＰＭ理論におけるＰＭ型リーダーシップとオーバーラップしており，Ｐ機能（Performance 機能）とＭ機能（Maintenance 機能）の内容をより具体的に表現したものと捉えることもできる。世のため人のために奉仕する心を基盤としたＰＭ型リーダーシップの一つと見ることもできよう。

第3章　学校の危機管理とこれからのスクールリーダーシップの在り方について

　ロバート K. グリーンリーフは，『サーバントであれ』[67] の中で，「サーバントリーダーシップは，日本人が得意とするコンセンサス形成のように機能する。むろん，最初は少々時間がかかる。全員が意見を求められるからだ。最終的にその意見が通るかどうかはわからないことを，やはり全員が納得した上で。しかし，ひとたびコンセンサスが形成されたら，気を抜かないこと。合意されたものごとが，全員が参加して，怒濤のごとく実行されるのだ。」という『フォーチュン』誌（1992.5.4）の記事を引用して解説している。

　ソニー創業者の盛田昭夫は，カリスマ的リーダーとして著名であるが，サーバントリーダーでもあった。真田（2012）[68] によれば，盛田は，「人を許すことを身に付けるべきである。完全な人間はいない。悪い点から見始めたら，全部が悪く見える。部下を批判し始めたらダメ。人を許し，良い所を見るようにしよう。どんな人にも良い所がある。それを発揮させてあげよう。」「一人ひとりに参画意識を持たせることが大事。部下が『命令されたからする』と思ってはダメで部下自身が『これをやらねば』と思うように導く必要がある。そのためにはコンセンサスが大事である。しかし，『皆で決める』のは衆愚であり最悪である。ただし，大事なことは皆が自由に意見を言えることである。そういう機会がなければ，人は命令されたから仕方なくすると考える。」と語っている。

　人の意見を全く聞かない，謙虚さのない傲慢なリーダーのもとでは，いかなる組織も発展せず，コンプライアンス意識にも欠けて，倒産もしくはそれに近い大打撃を受けるに至ることは，東芝の不正会計事件[69] をはじめ幾多の実例が示している。

おわりに

　J. K. ガルブレイスは，『不確実性の時代』（1977）の中で，「すべての偉大な指導者は，一つの特徴を共通してもっています。その時代の自国の国民の最大の不安と正面から取り組もうとする意志です。ほかならぬ，これこそが，リーダーシップの本質なのです。」[70] と述べている。学校においても，目の前にいる児童・生徒のことを第一に考え，彼らの健全な成長に全力を傾注し

ようとする意志，気構えこそ，チームの教職員を共感のもとに導いていくスクールリーダーシップの本質であると考える。そして同時に，佐藤一斎が『言志四録』で述べているように，「人を諌めようとするときは，言葉に誠意が溢れていなければ効き目がない。仮にも，怒りや憎しみの心が少しでもあれば，忠告は決して相手の心に通じるものではない。」[71] のである。

　本稿が，学校現場で活躍しているスクールリーダーにとって，日々の教育実践にいささかでも役立つことができればこれに優る幸いはない。

　おわりに，質問紙調査に協力していただいた諸氏に厚く感謝するものである。

　本稿は，2013 年度南山大学パッヘ研究奨励金（I-A-2）による研究成果 [72] を基にしている。

注及び参考文献
1) 林春男『組織の危機管理入門』丸善出版，2008，pp.3-4
2) 前掲書
3) 前掲書
4) 内閣府中央防災会議・南海トラフ巨大地震対策検討ワーキンググループ『南海トラフ巨大地震の被害想定について（第一次報告）』2012
http://www.bousai.go.jp/jishin/chubou/taisaku_nankaitrough/pdf/20120829_higai.pdf
5) 佐々淳行『完本　危機管理のノウハウ』文藝春秋，1991，p.15
6) アイアン・ミトロフ（上野正安・大貫功雄訳）『クライシス・マネジメント』徳間書店，2001
Ian Mitroff "Managing Crises Before They Happen", AMACOM, 2001
7) 佐々淳行『公務員研修双書　危機管理』ぎょうせい，1997
8) 下村哲夫編『事典　学校の危機管理』教育出版，1997，p.2
9) 「大阪教育大学附属池田小学校児童殺傷事件」2001
http://www.bur.osaka-kyoiku.ac.jp/fuzoku/goui/jikengaiyo.html
10) 下村，前掲書8），pp.8-27
11) 露口健司『学校組織の信頼』大学教育出版，2012，pp.185-212
12) 鈴木勲編著『逐条学校教育法第7次改訂版』学陽書房，2009，p.333

第3章　学校の危機管理とこれからのスクールリーダーシップの在り方について

13）　三隅二不二『リーダーシップ行動の科学［改訂版］』有斐閣，1984，p.44

14）　吉崎静夫「校長のリーダーシップ行動測定尺度の作成とその論理的妥当性の研究」『教育心理学研究』第 27 巻第 4 号，1979，p.258

15）　淵上克義「スクールリーダーの心理と行動」淵上克義，佐藤博志他編『スクールリーダーの原点』金子書房，2009，pp.47-50

16）　French & Raven 'The Bases of Social Power' In D. Cartwright and A. Zander "Group dynamics" New York : Harper & Row, 1959

17）　池田光編著『図解　きほんからわかる「リーダーシップ」理論』イースト・プレス，2011，pp.42-47

18）　岩田松雄『「ついていきたい」と思われるリーダーになる 51 の考え方』サンマーク出版，2012（著者は元スターバックスコーヒージャパン株式会社 CEO）

19）　浅井浩一『はじめてリーダーになる君へ』ダイヤモンド社，2013（著者は JAIC フェロー，日本たばこ産業の歴代最年少支店長として活躍）

20）　コリン・パウエル，トニー・コルツ（井口耕二訳）『リーダーを目指す人の心得』飛鳥新社，2012，p.108
Colin Powell with Tony Koltz "IT WORKED FOR ME In Life and Leadership", Harper Collins Publishers, 2012

21）　前掲書，p.108

22）　ロバート・スレーター（仁平和夫訳）『ウェルチ　リーダーシップ・31 の秘訣』日本経済新聞社，2001，p.93（ジャック・ウェルチ（Jack Welch,1935 年 - ）は，1981 年から 2001 年にかけて，GE の CEO を務め，大改革を行ったことで著名）

23）　文部科学省中央教育審議会『新しい時代の義務教育を創造する（答申）』第Ⅱ部第 2 章(1)，2005

24）　ケン・ブランチャード，ケン・ブランチャード・カンパニー（田辺希久子・村田綾子訳）『ケン・ブランチャード　リーダーシップ論』ダイヤモンド社，2012，p.368
Ken Blanchard "LEADING AT A HIGHER LEVEL", Blanchard Management Corporation, 2007

25）　佐藤博志「スクールリーダーと学校変革」淵上，佐藤他，前掲書 15），p.5

26）　文部科学省教育職員養成審議会「1.（1）いつの時代も教員に求められる資質能力」『新たな時代に向けた教員養成の改善方策について（第 1 次答申）』

51

1997

27) 産経ニュース「悩ましき民間人校長」2013.7.12
http://sankei.jp.msn.com/west/west_life/news/130712/wlf13071215520012-n1.htm
産経ニュース「公募採用組の不祥事とまらず」2013.12.04
http://sankei.jp.msn.com/west/west_affairs/news/131204/waf13120412520013-n1.htm
朝日新聞 DIGITAL「大阪市の校長公募，採用辞退相次ぐ　不祥事続き尻込みか」2013.12.27
http://www.asahi.com/articles/ASF0OSK201312270001.html

28) H. ミンツバーグ（池村千秋訳）『MBA が会社を滅ぼす　マネジャーの正しい育て方』日経 BP 社，2006, p.16
Henry Mintzberg "MANAGERS NOT MBAs", Berret-Koeler Publishers, 2004

29) 前掲書，p.185

30) 金谷治訳注『孫子』岩波文庫，2000, p.175

31) Daniel H. Pink「力の源泉は情報から信頼へ」『DIAMOND ハーバード・ビジネス・レビュー　人を動かす力』ダイヤモンド社，2014.1, p.26

32) 前掲書，p.26

33) 朝日新聞 DIGITAL「太陽光パネル公約，経産相『聞いてない』会見で沈黙も」2011.5.27
http://www.asahi.com/eco/TKY201105270556.html

34) 宇田光・岡田順一「我が国の生徒指導の今後の在り方について－日米比較からの考察－」『南山大学紀要「アカデミア」人文・自然科学編』第 6 号，2013, p.62

35) 浅井，前掲書 19), p.2

36) 萩原裕雄『今，読み解く　佐藤一斎の重職心得箇条』アートブック本の森，2001, p.50

37) ロバート・スレーター，前掲書 22), p.93

38) 岩田，前掲書 18), p.36

39) ジョン P. コッター（黒田由貴子他訳）『第 2 版　リーダーシップ論』ダイヤモンド社，2012, p.251
John P. Kotter "JOHN P. KOTTER ON LEADERSHIP", Harvard Business School Publishing Corporation, 2010

第3章 学校の危機管理とこれからのスクールリーダーシップの在り方について

40） 染谷和巳『「統率力」で人は動く 究極のリーダーシップ』プレジデント社，2011，pp.193-194（著者は人材育成会社社長）

41） 淵上克義「第3章 近年における新しいリーダーシップ理論」小島弘道・淵上克義・露口健司『スクールリーダーシップ』学文社，2010，p.85

42） 文部科学省中央教育審議会答申「第2章2 学校の組織運営体制の見直し」『今後の教員給与の在り方について』2007

43） 露口，前掲書11），pp.108-109

44） 前掲書

45） 浅野良一「研修を企画する際の留意点」木岡一明編『学校の"組織マネジメント能力"の向上』教育開発研究所，2006，pp.178-181

46） 佐藤，前掲書25），p.4

47） H. ミンツバーグ（DIAMOND ハーバード・ビジネス・レビュー編集部編訳）『H. ミンツバーグ経営論』ダイヤモンド社，2007，pp.332-333

48） 前掲書

49） Goodfind 経営者インタビュー「孫正義（ソフトバンク社長）」2012
https://www.goodfind.jp/interviews/134

50） NHK スペシャル「釜石の"奇跡"いのちを守る 特別授業」2012.9.1，19:30 ～ 20:43 放送
http://www.nhk.or.jp/special/detail/2012/0901/

51） 片田敏孝監修『防災教育シリーズ 命を守る！ 避難の3原則』DVD，日本経済新聞出版社，2012

52） 大川小学校事故検証委員会『大川小学校事故検証報告書』2014.2
http://www.city.ishinomaki.lg.jp/cont/20101500/8425/01.pdf

53） 菊地正憲「なぜ大川小学校だけが大惨事となったのか」『中央公論』2011.8 月号
http://www.chuokoron.jp/2011/07/post_87.html

54） 大津市立中学校におけるいじめに関する第三者調査委員会『調査報告書』2013
http://www.city.otsu.lg.jp/shisei/iinkai/fu/kihon/shiminbu/1388792332080.html

55） 豊田充『葬式ごっこ―八年後の証言―』風雅書房，1994，p.43

56） 文部科学省『平成24年度公立学校教職員の人事行政状況調査について』2013
http://www.mext.go.jp/a_menu/shotou/jinji/1342555.htm

57) 静岡県教育委員会『不祥事根絶に向けて（報告）』2013
http://www.pref.shizuoka.jp/kyouiku/kk-010/konzetu.html

58) 長崎県教育委員会『学校のチーム力を高めるために－不祥事根絶と学校の教育力向上を目指して－（校内研修資料）』2011

59) I. プリゴジン他（伏見康治他訳）『混沌からの秩序』みすず書房，1987
Ilya Prigogine & Isabelle Stengers "ORDER OUT OF CHAOS" Bantam Books, 1984

60) 小沼徹雄『経営組織本質論　組織経済とホロン経営の根拠を求めて』新泉社，1988

61) A. バンデューラ編（本明寛他監訳）『激動社会の中の自己効力』金子書房，1997，p.3
Albert Bandura "SELF-EFFICACY IN CHANGING SOCIETIES", Cambridge University Press, 1995

62) 前掲書，p.22

63) 高田朝子『危機対応のエフィカシー・マネジメント』慶應義塾大学出版会，2003，p.42，pp.49-90

64) 中村和彦「グループ・ファシリテーターの働き」津村俊充・石田裕久編『ファシリテーター・トレーニング　第2版』ナカニシヤ出版，2010，p.124

65) 津村俊充『プロセス・エデュケーション　学びを支援するファシリテーションの理論と実際』金子書房，2012
津村俊充・星野欣生編『実践　人間関係づくりファシリテーション』金子書房，2013

66) 真田茂人『サーバント・リーダーシップ実践講座』中央経済社，2012，p.64

67) ロバート K. グリーンリーフ（野津智子訳）『サーバントであれ』英治出版，2016，p.31

68) 真田，前掲書66），p.81

69) 今沢真『東芝不正会計』毎日新聞出版，2016

70) ジョン K. ガルブレイス（斎藤精一郎訳）『不確実性の時代』講談社学術文庫，2009，p.470

71) 佐藤一斎（岬龍一郎編訳）『言志四録』PHP研究所，2005，p.43

72) 岡田順一「学校の危機管理とスクールリーダーシップの在り方」『南山大学紀要「アカデミア」人文・自然科学編』第8号，2014，pp.21-49

第Ⅱ部

我が国の生徒指導のこれからの在り方と
規範意識・道徳性の育成に関する日米比較考察
－米国オレゴン州の公教育を視察して－

要　旨

　今日，我が国においては，いじめ，不登校，校内暴力，授業規律，服装の乱れ，さらには体罰問題など，生徒指導上の多くの課題が指摘されている。本稿では，我が国の生徒指導の歴史的変遷を批判的に概観した後，学校の規律向上に顕著な成果を挙げた事例を検討し，段階的指導の有効性を明らかにする。

　筆者は，実践教育研究会の企画（団長：都築仁美会長）により，2012年10月，米国オレゴン州コーバリス市の小・中学校，高等学校を視察した。その経験をもとにして，生徒指導，規範意識・道徳性の育成に関する日米比較考察を試みた。我が国の教育に対して，段階的指導等のルール確立による生徒指導の推進の重要性と教員以外のスタッフの充実の必要性を提言する。今日，提唱されている「チーム学校」の理念と共通するものがあると考える。

（注）　本稿は，南山大学・宇田光教授と筆者による共著論文「我が国の生徒指導の今後の在り方について－日米比較からの考察－」『南山大学紀要「アカデミア」人文・自然科学編』第6号，2013.6.30，pp.49-69より，筆者が執筆分担した部分（第1章「我が国の学校における生徒指導」，第3章「我が国の生徒指導の今後の在り方」）をもとに構成し，米国オレゴン州コーバリス市の教育については，筆者独自の視点から新たに書き下ろしたものである。コーバリス市の教育の詳細については，前掲論文の第2章（宇田光教授執筆）を参照されたい。

はじめに

学校教育における生徒指導とは，文部科学省によれば，「一人一人の児童生徒の人格を尊重し，個性の伸長を図りながら，社会的資質や行動力を高めることを目指して行われる教育活動のこと」[1] であるとされている。すべての児童生徒にとって学校生活が豊かで充実したものとなり，一人一人の人格のよりよい発達を促すことができるよう教育することが求められている。そのためには，落ち着いた教育環境を整える必要があり，必要に応じて，学校ごとに校則などの規範が定められている。

今日，我が国においては，いじめ，不登校，校内暴力，授業規律，服装の乱れ，さらには体罰問題など，生徒指導上の多くの課題が指摘されている。学校現場の教師は，その対応と事態の改善に日々努力しているところである。

米国においては，20 世紀後半において，暴力や麻薬が学校の脅威となり，安全な学校を目指して様々な努力がなされた。2002 年 1 月 8 日，ブッシュ大統領が署名し成立した「落ちこぼれをつくらないための初等中等教育法」（No Child Left Behind Act，以下「NCLB 法」と略記。）[2] は，教育の結果に対して従来よりも強い説明責任を求めるとともに，地域による管理統制を整備したものである。NCLB 法を契機として米国の教育は，暴力や麻薬の支配から解き放たれつつあり，授業規律の確立がなされていった。

2012 年 12 月，大阪で市立高等学校の生徒が教師から体罰を受けた翌日に自殺するという悲しい事件が発生した。日本では，教師による体罰は学校教育法で明確に禁止されている。また世界的にみても，学校での体罰を禁止している国が多数を占めている[3]。しかし，一方で教師による体罰を限定的ながら認める国もある。米国では，いまだ 19 の州で体罰が容認されている現状がある。この例を一つ挙げてもわかるように，生徒指導をめぐる状況は日米で大きく異なっている。

筆者は，実践教育研究会の企画に参加して，2012 年 10 月，米国オレゴン州コーバリス市の小・中学校，高等学校を視察する機会を得た。米国の一小都市の視察ではあるが，我が国の生徒指導や道徳性の育成に関して示唆を

与えてくれる事柄は，数多くある。最近では，我が国でも「チーム学校」という言葉が聞かれるようになっているが，米国では，既に確立されていることなどである。

第4章　我が国の学校における生徒指導

1　いじめ自殺事件と学校の規律

　2011年10月，滋賀県大津市で，市立中学2年の男子生徒（当時13歳）がいじめにより自殺した事件は，学校や市教育委員会の対応の不備もあり，全国的な関心を呼んでいる。学校側は，いじめの兆候を見逃し，自殺後の原因調査も不十分なものであったが，この事件は，いじめ防止と生徒指導における学校の規律確立との相関関係について大きな示唆を与えている。大津市の第三者調査委員会は，2013年1月31日に調査報告書[4]を市長に提出した。加害生徒の暴力行為が被害生徒のみならず対教師にまで及んでおり，有効な対策が採られなかった実態は，学校の規律維持機能が崩れていたことを示している。

　日本で初めて，いじめがクローズアップされた事件は，東京都の中野富士見中学校におけるいじめ自殺事件である。1986年2月，東京都中野区立中野富士見中学校2年の男子生徒Sが，校外で自ら命を絶ち，遺書を残した。遺書[5]は遺族によって公開されており，その中には「生きジゴク」という言葉も使われている。Sが2年生に進級した後に同じクラスの特定のグループからいじめを受けるようになり，それが次第にエスカレートし，日常的に暴行を受けるまでになったものである。そのグループの主導によって学校でSの「葬式ごっこ」が開かれることとなった。「葬式ごっこ」には担任教師ら4人が荷担し，寄せ書きを添えていたことが発覚した。1994年5月，東京高等裁判所は，教師たちが適切な問題意識をもって対処することを怠ったことを指摘し，「中学校の教員らには過失があるというべきである。」[6]と判示した。この事件は，教師までもがいじめに荷担した看過しがたい事例であり，「生きジゴク」や「葬式ごっこ」という言葉は，いじめの代名詞にまで

なったものである。

この事件の背景は，東京高等裁判所の判決文によって詳細に知ることができる。それによれば，当時の学校の様子について，「中野富士見中学校では，Ａ及びＢを中心とする本件グループの生徒らが第2学年第1学期早々からグループ化し，学校内外で，喫煙，怠学，授業の抜け出し，授業妨害，教師に対する反抗，弱い者いじめ等の問題行動を繰り返すようになったが，第2学期以降その問題行動は急激に悪質となり，やがて3年生のグループとも連携して授業の抜け出し，授業妨害，壁，扉等の損壊，教師に対する反抗，暴行，他の生徒らへの暴行等が更に頻発するようになった。そして，それらの問題行動を防止するため，9月頃からは教師らが休憩時間や自らが授業を担当しない時間帯に廊下等の見回りをし，11月からは保護者らの有志も授業時間中の廊下を巡回するという異常事態となったが，事態は一向に改善されず，Ｓの自殺に至るまでの間，悪化の一途をたどっていた。」[7] と述べられている。

このように，重大ないじめ事件の背景には，学校の規律，秩序の崩壊が存在している。したがって，いじめの撲滅には，規律正しい学校環境と規範意識の向上が不可欠である。また，規律正しい学校環境と生徒の規範意識の高いところには，重大ないじめ事件に発展するような隙がないといっても過言ではない。

2　我が国の生徒指導の歴史的考察　―管理教育批判と校則の見直し―

我が国の生徒指導は，規範意識の向上に関して，一時期，困難な状況にあった。

1966年から1970年に至る高校紛争の時代を経て，1980年代を中心に，校則の厳格な学校に対して，いわゆる「管理教育」批判がマスコミを巻き込み全国的に行われた。男子の頭髪を丸刈りと定めた校則についても，各地で論争があり，裁判に至った事例もある。1985年11月の熊本地裁判決では，「中学校長は，教育の実現のため，生徒を規律する校則を定める包括的な権能を有するが，教育は人格の完成をめざす（教育基本法第一条）ものである

58

から，右校則の中には，教科の学習に関するものだけでなく，生徒の服装等いわば生徒のしつけに関するものも含まれる。もっとも，中学校長の有する右権能は無制限なものではありえず，中学校における教育に関連し，かつ，その内容が社会通念に照らして合理的と認められる範囲においてのみ是認されるものであるが，具体的に生徒の服装等にいかなる程度，方法の規則を加えることが適切であるかは，それが教育上の措置に関するものであるだけに，必ずしも画一的に決することはできず，実際に教育を担当する者，最終的には中学校長の専門的，技術的な判断に委ねられるべきものである。したがって，生徒の服装等について規律する校則が中学校における教育に関連して定められたもの，すなわち，教育の目的として定められたものである場合には，その内容が著しく不合理でない限り，右校則は違法とはならないというべきである。」[8] とし，法的には学校側の勝訴となっている。しかし，丸刈り校則は子どもの人権に関わる問題もあり，また時代の変化にそぐわないこともあり，学校側は世論の支持を得られず，丸刈り校則を廃止せざるを得なくなり，実質的には，学校側の敗北となっている。

　1970 年代から 1980 年代にかけて，全国の報道機関が校則問題を取り上げ，中には，世論の支持を得がたい校則も散見されたため，1988 年，当時の文部省初等中等教育局長が各都道府県教育委員会の中等教育担当課長を集めた会議において，校則の見直しを求めて次のような指示[9] を出した。

　まず始めに，校則の意義について，「児童生徒が心身の発達過程にあること，学校が集団生活の場であること等からいって，小・中・高等学校を通じ学校には一定のきまりが必要であり，したがって，校則それ自体には意義がある。しかし，その内容，運用（指導）の在り方については，検討を加えていく必要があると思う。校則は，経済社会の進展等時代の進展，地域の実情，学校段階（発達段階），学校の教育方針，保護者の考え方，児童生徒の実態等を踏まえることが必要と考えられる。そして，これらの事情は，各学校ごとに異なるので，校則は各学校において適切に考えられるべきであるということが基本である。文部省等による校則の基準づくりは，校則の画一化を招くことになり適当でない。」と述べたうえで，「現在の校則の内容には，①絶

対守るべきもの，②努力目標と言うべきもの，③児童生徒の自主性に任せてよいもの，がミックスされているのではないか。この点をもう一度点検しなおしてみる必要がある。きまりについては，児童生徒にこれを消極的に守らせるのではなく，自主的に守るようにすることが大切である。このことを踏まえて考えてみると，きまりには，校則に盛り込むべきもの，指導として行うもの，教師と児童生徒との交わりの中で自主的に守るようにしていくものとがあるのではないか。」と問いかけている。また，校則の運用の問題については，「校則違反があった場合に，当該児童生徒の身分上の措置の問題等をどう考えるかということがある。学校として，このような場合における統一的な対応方針をあらかじめ全教職員の共通理解として持っていないと混乱が生じることになる。また。身分上の措置の前に，教育指導としてどう考えるかがなければ，校則の教育上の意義はなくなってしまう。」と述べ，校則違反に対する機械的な処分主義を戒めている。さらには，生徒や保護者との信頼関係の確立が大切であるとし，「教師は，日常の教育活動を通じ，生徒との信頼関係を大切にし，生徒との好ましい人間関係の育成に努めること。」と結んでいる。

　1990年，同じ会議において，文部省は，生徒指導の取組の基本姿勢として，「生徒指導の取組に当たっては，生徒一人一人の個性を生かし，人間味のある温かい指導を行うことが大切であること。社会の良識を踏まえ，国民や保護者の理解が得られるような指導に努めることが必要であること。問題行動への対応のみに偏ることなく，日ごろから，生徒との触れ合いを基盤として一人一人の生徒のよさや積極面を評価，理解し，生徒自身がそのよさに気付き，それを伸ばしていくことができるよう援助することが大切であること。」[10]と述べ，生徒や保護者との信頼関係を確立し，生徒との好ましい人間関係の育成に努めることが大切であることを強調している。

　その後，文部省の校則見直しに関する姿勢は強いものとなり，校則を見直したかどうかを全日本中学校長会および全国高等学校長協会に委託して調査研究をし，その結果を1991年に公表した。その報告書[10]には，「本調査によれば，見直しの結果改訂された校則内容の例の中には，制服の襟カラーの

サイズの改訂など，瑣末的と考えられるきまりを修正した程度にとどまっている例もみられる。修正した結果なお瑣末的と考えられるきまりにとどまっているような学校においても，自校の校則を一般的・標準的なことと意識し，それでよしとしていることはないか。そもそも，校則は一度見直したからそれでよいというものではない。学校を取り巻く状況や生徒の状況も変化する。その意味でも校則の内容はたえず積極的に見直さなければならないものである。」と強い調子で訴えている。さらには，「思い切った見直しが必要である。今回の調査で見直し検討された校則の内容は，服装，校外生活，校内生活，頭髪など実に様々な事柄に及んでいるが，見直しの結果，校内の状況変化に関しては数多くの学校でプラスの評価が与えられている。このことからみて，学校は校則見直しを思い切って進めてよいのではないか。」と結んでいる。

　本来，校則は，学校の自主性に委ねられるべき性格のものである。その校則に対して，毎年，国から見直しの調査が入ることとなり，各学校は，これまで行ってきた生徒指導に対して，自信を失いかねない状況となっていった。

　女子生徒のスカート丈が短くなっていったのは，このころからである。各学校では，茶髪や金髪の生徒の出現に手を焼き，服装もだらしなくなり，授業規律も緩んでいった。いわゆる「学級崩壊」という現象が現れ始めたのも軌を一にしている。いじめや校内暴力の問題が顕在化していったのも，決して偶然ではなかろう。

3　規範意識の育成重視へ

　このような学校規律の崩れに対して，それまでは，子どもの人権擁護等の立場から寛容であった世論も，次第に厳しい論調に変容していった。2006年に改正された教育基本法の第6条には，「教育を受ける者が，学校生活を営む上で必要な規律を重んずる」という文言が新しく入り，これに基づいて改正された学校教育法第21条には，「学校内外における社会的活動を促進し，自主，自律及び協同の精神，規範意識，公正な判断力並びに公共の精神に基づき主体的に社会の形成に参画し，その発展に寄与する態度を養うこと。」と記され，その中に「規範意識」という言葉が明記されたのは，画期的な前

進であろう。

　一時，困難な状況に陥った学校の中には，学校規律の回復を全教職員の結束と努力により成し遂げ，豊かな心を育む学舎へと変貌していった実例を見つけることができる。そうした学校では，真の意味で教師と生徒・保護者の温かい信頼関係が構築され，たとえいじめがあったとしても，早期に，まだ芽のうちに解決している。

4　学校の規律向上に顕著な成果を挙げた事例1
―愛知県立Ａ高等学校―

　2012年12月，筆者は愛知県立Ａ高等学校を訪問し，校長先生，生徒指導主事の先生方に生徒指導の改革実践等についてインタビューした。その内容を取りまとめ，公表可能な部分を以下に記す。

(1)　概況

　愛知県立Ａ高等学校は，1925年に開設された旧制中学を前身とするおよそ90年の歴史を有する伝統校である。名古屋市内の東西南北どこからでも通学できるロケーションの良さをメリットとしている普通科高校である。生徒数は，2012年現在，約1000人の大規模校となっている。

　伝統校としての誇りと余裕の中で教育活動を行ってきたが，平成の時代になってから徐々に入学生徒の多様化が進み，生徒の服装頭髪の乱れや遅刻の増加が目立つようになってきた。その状況に対して学校が有効な手立てを打てないでいるうちに，近隣における学校の評価が下降していき，2001年度入試において定員割れを生じるに至った。一般的に，高校入試における定員割れは，さらに学校の評判を低下させる作用が見られるため，その後しばらくの間，授業規律の維持や遅刻防止等の生活指導の面において困難な時期が到来した。

(2)　改革の機運と再生委員会

　この状況からの脱却を目指す試みが，2004年，校内の「再生委員会」と称して，当時の生徒指導主事を中心として立ち上がり，「学習面の建て直し」と「生活指導面の建て直し」を二本柱として，校長のリーダーシップのもと

第4章　我が国の学校における生徒指導

に全校を挙げて取り組む努力がなされた。

　再生委員会では，その意義，役割，目標を，「まず，再生が，改善なの
か，発展なのかという区別にはこだわらず，前進を目指すものであることを
確認したい。前進の方向は皆で考えていくことになるが，その歩みを生む力
は，職員一人一人の意見と本校への想いそのものであることは再生の前提で
ある。ここ数年来中学や地元の信頼を失い，入学する生徒層が急激に変化す
る中でも，その対応や解決に向けて，教職員全体での話し合いの場を十分に
持てなかったことは紛れのない事実である。それぞれの課（現在は「部」＝
分掌）や教科，また個人での対策はこれまでもあり，個々の教員の努力は決
して他校に劣るものではなく，それにより，もっと困難な状態にまで行き着
いたいくつかの学校より，救われた状態にあると考える。いわゆる「軟着陸」
の状況が現在であるが，それが危機感の甘さにつながっているとも考えられ
る。建て直しの体力が残る今こそ，再生の最後の機会と考え真摯な決意と覚
悟を持って臨みたい。」と明確に述べている。

　再生委員会の姿勢については，教員全員の牽引役であるとし，「再生の
本体は，生徒一人一人の向上心であり，それを導く教員個々の行動である。
1000人の生徒を導く，50人以上の教員集団の力をいかに効果的に集約し
ていくかが委員会の役割である。それぞれの教員の意見を聞き，全体の意見
を調整し，集団の力として，また個々の先生の活性に還元していきたい。」
としている。

　再生の対象として何から取り組むべきかについては，「緊急度，重要度な
どを考慮して，ある事柄から順にあたっていくことになるが，再生全体の
目標を指針とし，その一貫性を担った取り組みであることを心掛ける。課や
教科の枠を越え，教員集団として包括的で，将来を展望としたプランニング
に取り組んでいく。」とし，再生の目標としては，「本校のあるべき姿をまず，
全体で考えたい。再生は，ただの対症療法でなく，教育の本質を求めるもの
であり，本校が生徒，教員が共に誇れる高校に前進するため，確かな理想を
掲げたい。」と格調高く謳い上げている。

　再生委員会は，発足した2004年7月に教職員を対象にアンケート調査

63

を実施し，学校が抱える問題点や改善すべき点を，全職員の意見から明確化し，併せて再生の大きな目標となるべきスクールアイデンティティの構築を目指した。スクールアイデンティティとしては，後日，「向上心」とすることが決まった。

　アンケート調査結果から，授業規律については，「生徒の気力をあまり感じない」「授業とは関係ないおしゃべりがある」「居眠りがある」「授業の準備がのんびりしている」「携帯電話でメールをする」などの問題点が共有された。生活指導面では，頭髪の状況，服装，女子の化粧，携帯のマナー，交通マナーなどにおいて，問題を感じている教師が圧倒的多数であり，現状で十分と考えている教師は5％程度に過ぎないことも明らかになった。寄せられた意見の中には，「生活指導については，本校はまだまだゆるいと思います。私立高校等で行われている携帯の持参禁止，化粧の禁止等々も本校でもやるべき段階にきていると思います。」「茶髪指導の厳しさに対して，化粧，ピアスに対する指導が甘いのは，やはりおかしい。もっと厳しくすべきである。携帯に対しては，もっと厳しくした方がよい。現状のように，あまりにもマナーが悪ければ学校には持ってこない指導をし，違反者は解約させるぐらいで迫ったらどうか。漫画についても同様である。」「校内で廊下に座るなどというだらしない行動に対して全教員がおかしいと思って注意していくべきである。そうした中に，ちょっとした緊張感が生まれる。集団で生活していく以上，そうした緊張感は絶対に必要である。」「女子のスカートの長さを問題にしないことにここ数年疑問に思っていました。頭髪の色と同様にチェックすべきです。私は女ですが男性の先生方はそんなに頭髪の方が気になるのかなあと不思議です。あの下品な長さを是非指摘してください。」などがあり，教職員が一致団結して，学校の再生に取り組もうとする環境が整備されつつあることが伺われる。

⑶　規律指導の徹底とその後の向上発展

　2004年4月，入学に際して，『A高生の心得』を新入生全員に配布し，学校のルール（校則）を約束事として明示し，それを破れば，必ず指導することを周知徹底した。例えば，遅刻防止の取組では，「遅刻 早退 欠席 個人

カード」（図 4-1）を作成し，生徒指導室にクラス別に置いておく。遅刻した生徒は指導室の先生の了解を得て，自分のカードを取り，日時・理由を記入する。そして，カードを持って教室に行き，担任または教科担当の先生に渡す。カードの無いものは教室に入れないこととする。休み放課に来た生徒は，次の授業の先生にカードを渡す。体調が悪く，早退したい生徒は，まず担任の許可を得る。そのうえで，遅刻と同様，生徒指導室（または職員室）に来て，自分のカードに日時・理由を書くとともに，別の早退許可証に記入して，担任にカードを渡す。どうしても担任が見当たらないときは，副担任，次に学年の先生か指導室の先生に渡す。安易な早退はしないように心掛けさせる。欠席の場合は，原則として休んだ翌日（なるべく早めに），カードに本人が日時・理由を記録し，もとの位置に戻す。

　生徒に対しては，「欠席，遅刻を繰り返さないという自覚を，個人がしっかり持ってほしいためにカードを作りました。それでも，遅刻について回数を重ねてしまった場合は，先生からの注意や早朝登校，家庭への連絡などの指導も行います。社会人への準備として，遅刻は絶対にしない。安易な欠席

```
┌─────────────────────────────────────────────────────────────┐
│  遅刻 早退 欠席 個人カード                                    │
│                                                               │
│  遅刻記録欄        年    組    番                             │
```

	日時	理由　適したものを囲む（その他）	発行確認	受取確認
1	月　日　時　分	寝坊　体調不良　通院　（　　　）		
2	月　日　時　分	寝坊　体調不良　通院　（　　　）		
3	月　日　時　分	寝坊　体調不良　通院　（　　　）		
4	月　日　時　分	寝坊　体調不良　通院　（　　　）		
5	月　日　時　分	寝坊　体調不良　通院　（　　　）		

（中略。以下 20 行まである。）

　遅刻したときは，このカードに記入し，教室の担任・教科担当に渡してください。
　特別教室のときは，担当教員に見せた後，クラスの出席簿にはさんでください。
　5 回，10 回，15 回，20 回，25 回の累積回数，または月ごとの回数で，早朝登校などの指導を課します。

図 4-1　「遅刻 早退 欠席 個人カード」（表面様式） ※裏面様式省略

や早退もできる限りしないことを目標としてください。」と呼びかけるのである。

　生徒に対する指導は，段階を追って行うことを保護者・生徒にあらかじめ通知しておく。例えば，遅刻については，年間の累積回数が5回に達したら学年主任が指導し，10回に達したら保護者へ手紙を出し，15回に達したら保護者召喚のうえ生徒指導主事から指導し，25回に達したら教頭から指導する。この場合，遅刻の理由については，原則として問わないことを特徴としている。米国の「ノーイクスキューズ」[12]（言い訳無用）の指導方法と類似しているものである。ただし，本校では，教師の生徒に対する愛情が常に存在しており，冷たい指導とはなっていない。

　カードは，毎日，生徒指導部がコンピュータに入力し，常に把握できるようにしてある。学年会にも毎週報告をし，各生徒の状況を学年教員団が把握している。

　このような学校の努力により，全生徒の遅刻数は図4-2に示すように，劇的な改善が図られた。遅刻カードが導入された2004年度を境として，遅刻数の際だった減少が見て取れる。2011年度の全遅刻数2,463という数字は，遅刻指数（1年間に1人が遅刻する回数の平均）に換算すると，2.57である。2001年度と比較して，10年間で約6分の1に減少しており，驚異的な改善と言ってよい。

　遅刻者数の激減は，授業規律の改善，身だしなみの改善などすべての分野

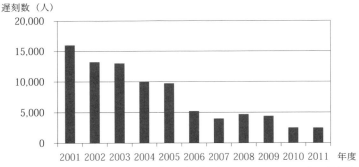

図4-2　年間の全生徒遅刻数（延べ数）の推移（24クラス＝960人に換算）

に良い影響を及ぼしていき，現在は，極めて良好な学習環境のもとに生徒と教師が相互に信頼しあい，充実した教育活動が行われている。部活動も盛んであり，陸上部は，名古屋市内県立高校大会に優勝したのを始め，高校総体や駅伝大会に出場するなど活躍している。独立行政法人科学技術振興機構によって運営されている「サイエンス・パートナーシップ・プロジェクト（SPP）」を実施し，地域企業や大学との関係を深め，夏休みには都市環境，情報デザインの2分野に分かれて生徒たちが研究を重ねた。また，キャリア教育にも力を入れている。規律重視の生徒指導の充実から生徒の道徳性の発達を促し，学校を再生した良い事例であると考えられる。

図 4-3　体育館での校長講話を整然とした中で真剣に聴く生徒たち

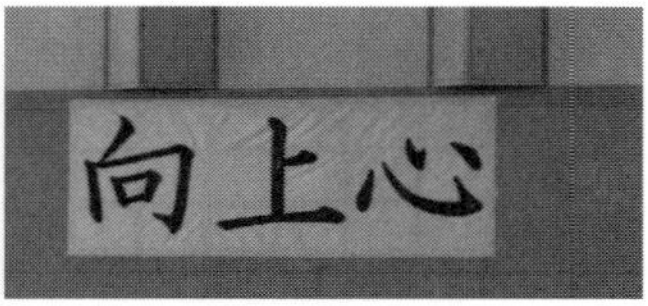

図 4-4　体育館の壁面に掲示されたスクールアイデンティティ

5　学校の規律向上に顕著な成果を挙げた事例 2
　―愛知県立B高等学校―

　2012年12月，筆者は愛知県立B高等学校を訪問し，校長，教頭，生徒指導主事の各先生方に生徒指導の改革実践等についてインタビューした。その内容を取りまとめ，公表可能な部分を以下に記す。

(1)　概況

　愛知県立B高等学校は，1973年に開設された創立40年を超える新設校（愛知県では，1968年以降に開設された学校を新設校と分類している）である。生徒数は，2012年現在，全校で18学級の中規模校である。普通科

高校として開設されたが，2002年にコース制（福祉実践コース，情報活用コース，総合進学コース）が導入され，その後2007年に総合学科へと移行している。

(2) 困難な時代

本校は，地域の期待を集めて発足した中堅普通科高校であったが，平成になった頃の生徒急増期に募集定員が1学年12クラスまでに膨らみ，その影響もあり数年間連続して定員割れを生じ，二次募集実施が続いた時期があった。このため，生徒指導面や学習指導面で困難な課題を有する生徒を多く抱えることになった。この状況に対して，組織的対応が不十分だったこともあり，対応が後手に回ることが多く，しばらくの間，いわゆる「荒れる」状態が続いた。中退者も多く，入学した生徒の約半数が卒業できるかどうかという時期もあった。

当時は，学校のトイレにたばこが落ちていたり，火災報知機が頻繁に鳴ったりし，教師たちはその対応に追われることもしばしばであった。落書きや器物の破損も多く，窓からは物が投げ捨てられ，校舎の外にはペットボトルや紙パックが散乱していた。生徒による清掃活動もなく，学級担任が誰もいなくなった教室の掃除をしていた。移動教室や体育の時には授業に遅刻し，授業中においても，立ち歩いたり飲食する生徒もいた。このような状況であったため，当然のことながら，対教師トラブルや生徒間トラブルもしばしば起こっていた。

(3) 改革の機運と発展

平成7年頃から校長のリーダーシップと教育委員会の支援のもとに改革が進みはじめた。制度的には，平成7年度の少人数クラスの実施，平成14年度の普通科コース制の導入，平成19年度の総合学科への移行があった。地域との連携についても，同窓会主催の観桜会の実施や学校開放講座の実施などが挙げられる。また，校内組織においても，教務部と生徒指導部が連携を密にし，授業規律を重視するとともに，全教職員が一致協力して行う生徒指導体制を構築していった。

平成14年当時も，少人数クラスを実施しており，1学年4クラス160

第4章　我が国の学校における生徒指導

人を8クラスに分割していた。そこで，少しずつ指導のレベルを上げていくことで教育困難な状況の打破を図っていった。校内喫煙の撲滅，体育館シューズの適正使用，ルーズソックスの禁止，装飾品の禁止，化粧の禁止，スカートの正しい着用と一つずつ着実に指導を重ねていった。その結果として，現在多くの生徒が身だしなみを整えることができており，落ち着いて学校生活を送ることができている。中退率も今では1%台となって全国平均を下回っており，図4-5に示すように問題行動等による特別指導対象生徒数も激減している。

また，大学受験者数・合格者数の推移についても，図4-6のように，顕著な向上が見られるようになっている。

ここに至るまでには，本校関係教職員の多大な努力があったことが伺われる。管理職及び各分掌主任・学年主任等のミドルリーダーのリーダーシップ，HR担任の実行力，「チームB高校」と称される教職員のチームワークと指導体制の総合力の成果であると考えられる。図4-7に示す「授業指導連絡票」を導入し，授業規律の向上を図ることは，教職員の強固な協力体制がなければ成功し得ないものであろう。また，学科改変やスクールカウンセラーの早い時期からの導入等の制度面における支援をはじめ，人事・予算面での支援において，教育委員会の果たした積極的な役割も極めて大きいと推測される。

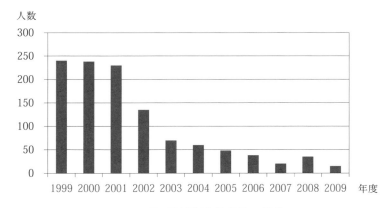

図4-5　特別指導対象生徒数の推移

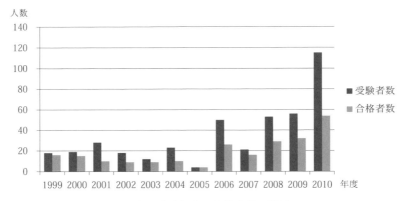

図4-6　大学受験者数・合格者数の推移

年　組　番　氏名	教科担任　→　担任　→　学年主任
月　　日　（　）	
科目　　　記入者	
1　指導項目	事後指導記録
2　注意した状況	
	担任サイン欄
その他　気付いたこと	家庭連絡　　なし　　あり

図4-7　授業指導連絡票（様式）

(4) 段階的指導の方法と道徳性の発達

　本校での指導の成功の一因として，段階的指導を取り入れたことがあげられる。段階的指導とは，担任，学年指導部，学年主任，生徒指導主事，管理職というように問題行動の回数や大きさに応じて，段階的に指導レベルや指導措置を上げていく方法である。同じ事案で改善が見られない場合だけでなく，異なる事案でも，段階的に指導措置や指導内容が変わってくる可能性があることを生徒に伝え，自らの行動に責任を持ち，自ら律することができ

第4章　我が国の学校における生徒指導

るよう指導していくものである。

　段階的指導の一例として，女子生徒の正しい制服スカートの着用を目指した本校の「チケット制」の概要を次に示す。

① 　第1段階：学校の内外を問わず，スカートの変形着用を教師が見つけた場合は，指導カードに該当生徒名を記入後，担任に提出し，担任指導を行う。指導カードは，担任を経由し学年生徒指導部で取りまとめる。

② 　第2段階：2回目に，スカートの変形着用を教師が見つけた場合は，該当生徒は反省文を書いた後，担任指導，学年生徒指導部指導を受ける。

③ 　第3段階：3回目に，スカートの変形着用を教師が見つけた場合は，該当生徒は反省文を書いた後，担任指導，学年生徒指導部指導，学年主任指導を順に受ける。

④ 　第4段階：4回目に，スカートの変形着用を教師が見つけた場合は，該当生徒は反省文を書いた後，担任指導，学年生徒指導部指導，学年主任指導，生徒指導主事指導を順に受ける。

⑤ 　第5段階：5回目以降に，スカートの変形着用を教師が見つけた場合は，保護者を学校に召喚し，該当生徒は特別指導の対象とする。

　この指導方法により，本校では，極端に丈の短いスカートや腰に巻き上げたスカートは，ほとんど見られなくなり，正しい制服の着用によって，不審者による生徒の被害の未然防止や健康増進能力の育成に効果を上げていると考えられる。

　本校の「平成24年度冬休み学校説明会資料」には，卒業生に対するアンケート調査結果が掲載されている。それによれば，「先生たちに熱心に指導してもらった」という回答が86％あり，「社会人に必要なマナーやルールを指導してもらった」という回答が85％に達している。厳しくも温かい本校の指導に対する生徒達の高い満足度を伺い知ることができる。同資料には，中学生・保護者に向けて，「日ごろから身だしなみや言葉づかいをはじめと

して，社会人として求められる考え方を，厳しく指導しています。茶髪，ミニスカート，化粧をしている生徒は校内にはいません。こういった指導で，生徒が学習や課外活動など将来に向けて充実した生活を送ることにつながっていると考えています。」と述べられており，ルールやマナーの指導に対するこのようなゆるぎない姿勢が，生徒の道徳性の発達と本校の改革発展の基盤となっていると考えられる。

第5章　米国オレゴン州コーバリス市の公教育における生徒指導・道徳性の育成

　筆者は，実践教育研究会の企画（団長：都築仁美会長）により，2012年10月7日～11日に，米国オレゴン州コーバリス市の公立学校教育を視察した。コーバリス（Corvallis）市は人口が約5万人の小さな市であるが，オレゴン州立大学やヒューレットパッカード社の本社があり，親の教育に対する関心には高いものがある。

1　ガーフィールド小学校（Garfield Elementary School）

(1)　学校の特徴

　メキシコからの移民が多く，英語とスペイン語によるバイリンガルの授業を行っている公立小学校である。卒業までに，両方の言葉の読み書きができるレベルまで到達させることを目標にしている。

　16の学級があり，児童数は400名である。学年は，幼稚園から小学校5年生まである。スタッフは学級担任の他に校長，特別支援教育の専門

図5-1　廊下の飾り棚
（文字はスペイン語と英語の併記）

第5章　米国オレゴン州コーバリス市の公教育における生徒指導・道徳性の育成

家，アシスタントが10名である。カウンセラーやbehavior specialist（本稿では，以下「品行専門士」と訳す）もいる。

児童・保護者による「学校選択制」は，かつて導入されていたが，優秀な教員の獲得合戦が起こるなど様々な問題が生じ，廃止された。

図5-2　昼食時の食堂，児童による給仕

(2) 生徒指導・道徳性の育成の特色

本校の教育目標は，子どもたちが「安全で（safe）」・「責任あり・信頼でき（responsible）」・「敬意を表する・礼儀正しい（respectful）」行動ができるように育成することである。

そのために，図5-3に示す「Way to Go Gecko」（ヤモリへの道）というカードが用いられている。ヤモリは本校のシンボルマークである。本稿では以下，「善行チェックカード」と意訳しておく。これは小さな緑色のカードで，職員が持ち歩き，何でも善いことをした児童に渡す。その使い方はクラスによって異なるが，クラスで一定量たまったらピザパーティをするなど，工夫している。悪いことばかりでなく，良い

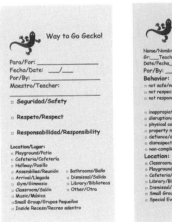 

図5-3　「善行チェックカード」（緑色）と「FYI：For Your Information（君の情報）」（青色）

73

ことを知らせるためにも保護者に電話するようにしている。

　逆に悪いことをした場合は，青いカード「FYI : For Your Information（君の情報）」を児童に渡す。交通違反の反則切符を切るようなものであり，度重なれば保護者に通知する。

　教室の前方壁面には，図5-4に示す5色の「行動評価ボード」が設置されている。このボードは上から順に紫，緑，青，黄，赤と色分けされていて，両脇に児童全員分の氏名付きクリップがつけられている。毎朝，最初は緑からスタートして，何か問題行動があった児童のクリップは下方向に移動していき，何か善いことをすれば上方向に移動していくという仕組みである。赤までいってしまうと，親に連絡がいく。このように，キャラクター・エデュケーション（品格・品性教育，道徳性の育成）を，保護者と学校との協力によって行っている。

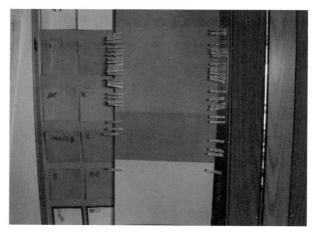

図5-4　児童名が記入されたクリップによる「行動評価ボード」

　授業中，注意をしても私語を止めない児童には，チップ（紙片）を渡し，教室の隅で静かに座らせる。それでも，私語を止めない児童は，品行専門士を呼び，専門士の独自の教室で指導する。それでも落ち着かない児童は，親に来てもらい引き取ってもらう。他の児童の学ぶ権利を保障するためである。品行専門士は，厳しく叱ることよりも，児童を落ち着かせ，じっくりと語り

第5章　米国オレゴン州コーバリス市の公教育における生徒指導・道徳性の育成

掛けて子どもが納得するまで粘り強く説諭する手法を用いている。大学で心理学を修めた者が担当している。

　どの教室も授業規律が確立されており，教師のいうことを聞かず立ち歩くような児童を見かけることはなかった。

(3)　保護者ハンドブックの作成

　保護者ハンドブックの作成は，政府の方針である。内容については，国の基準に従わなければならない。しかし，作成が法律で義務づけられているわけではない。作成のねらいは，学校，保護者，子どもの3本の柱の関係をよくすることにある。

　ハンドブックの内容は，学校の概要（ミッション等），教育課程，行動管理計画（校則），PTAに関することなどである。保護者は，ハンドブックの内容を自分で読んで子どもに説明しなければならない。内容の一部を次に示す。

　　①　出席については，厳しく管理し，子どもが欠席する場合は，保護者は必ず学校に連絡しなければならない。

　　②　スクールバス内で不適切な行動をとった児童は，4段階の措置がとられる。最も重い罰は，学年の残りの期間中，バスで通学できなくなることである。

　　③　学校に武器を持ってきた者は，放校処分とする。鉛筆，コンパス，はさみなどを，他人を傷つけたり脅したりするために使用した者も，同様の懲罰処分とする。

2　ライナス・ポーリング中学校（Linus Pauling Middle School）

(1)　学校の特徴

　生徒数は約700名であり，学年は，6〜8年生（日本では小学校6年生と中学校1,2年生に相当）が在籍する公立のマグネット中学校である。学校の名前は，オレゴン州出身のノーベル賞受賞者ライナス・ポーリング博士にちなんでいる。博士は，量子化学の分野でノーベル化学賞を受賞し，核拡散防止の運動でもノーベル平和賞を受賞した。学校の目立つ壁面には，彼の

肖像写真と彼の言葉が数多く掲示してある。

　職員は85名であり，資格のある教師は35名である。その多くは，修士号を所有している。他の50名はサポートスタッフである。校長のEric Beasley先生は35歳と極めて若く，精力的に仕事をしていた。彼は，「校長になるための条件は，よい授業ができることである。」と明言した。若くして校長となり，ティーチング・スタッフの授業改善を指導するためには，自身が優れた授業者でなければならないという信念をもっているようだ。

　各学科の教員たちによる職員会議も見学した。数学科の会議では，生徒の名前を電子黒板に映し出して，誰をボランティア・チューターとすべきか議論していた。本校では，優秀な生徒をボランティアで先生の助手のチューターとして各教室に派遣する制度がある。ボランティアとして下級生の学習の支援をすることは，卒業に必要な単位の一つにカウントされる。上級生のボランティアが教室内で模範的生徒役を演じることも仕事の一つになっている。

　授業は，すべて電子黒板とホワイトボードを用い，黒板やチョークは存在していない。1人1台のiPadがあり，数学の練習問題もiPad上に提示されていた。

図5-5　ライナス・ポーリング中学校の授業風景
（どの教室も，授業規律が確立されている）

(2)　**生徒指導・道徳性の育成の特色**

　本校の品性教育の目標にも，「安全(safety)」・「責任・信頼（responsibility）」・「敬意（respect）」が掲げられており，小学校から一貫している。それらが場面ごとに，具体的な行動目標として表に示されている。

　本校にも品行専門士が配置されており，問題行動があると対処する。専門

第5章　米国オレゴン州コーバリス市の公教育における生徒指導・道徳性の育成

士の独自の部屋は約20の机のある大きな教室で，同時に多数の生徒が学ぶことも可能な構造になっている。問題を起こした生徒を別室で指導する仕組みが整備されている。

廊下には図5-6に示すような防犯（監視）カメラが設置されている。暴力やいじめなどを抑止することが目的である。

いじめ防止については，「いじめ情報報告書」が用意されており，「私は，今いじめられています。」「私は，いじめを目撃し

図 5-6　廊下天井に設置された防犯（監視）カメラ

たので報告します。」「私は，匿名で報告します。」のいずれかにチェックして，内容を記述し，学校に早く知らせることができるような仕組みを採用している。また，「プライド」の時間を毎週30分間設け，道徳教育に当てている。「どんなことでもいいから，誰かに良いことをしてきなさい。」という宿題を出すこともある。この時間では，グループ活動を重視している。本校では，学校は一つの家族であるという考え方を採っている。いじめが起きても，家族の一人の問題として解決していく。

校長は，生徒のロッカーを生徒に無断で鍵を開ける権限を有している。しかし，Beasley校長は，ロッカー内の点検が必要になったときは，あえて生徒を立ち会わせ，「君の疑いを晴らすために一緒にロッカーの中を点検しよう。」と語りかけるという。

学校の決まりは，「生徒・保護者ハンドブック」（A4版，38ページ）によって周知徹底させている。違反には，段階的指導を行っている。叱るのではなく，「君がこのような行為をして，先生は残念だ。」と言って諭す方法をとっている。品行専門士も心理学を学んだ者が採用されており，問題を起こした生徒が自らの非を悟るまでじっくりと話す手法を用いている。大声をあ

77

げて叱るという手法は用いていない。生徒同士のもめ事やトラブルについては，可能な限り peer mediation（仲間同士で仲裁や調停を行うこと）の手法を用い，生徒の道徳性の発達を図っている。

3　クレセントバレー高等学校（Crescent Valley High School）

(1) 学校の特徴

生徒数は約990名であり，学年は，9〜12年生（日本では中学校3年生から高校3年生に相当）が在籍する公立の総合制高校である。

教員数は60名であるが，教員以外の職員が約65名おり，教育活動のサポートをしている。

図5-7　整然と美しい生徒用ロッカー

本校は，日本大学附属高校との姉妹提携をしており，日本に対して関心が深い。各種の工作室や写真室，美術室など幅広い科目の専用教室があり，美術科や工業科の高校のようである。敷地は広大であり，陸上競技場，野球場，サッカー場も完

図5-8　クレセントバレー高等学校の授業風景
（授業規律が確立）

備されている。生徒用ロッカーは図 5-7 に示すように整然と美しく，床も
きれいに磨きあげられて，ゴミ一つ落ちていない。

　校訓に相当するもの（core values）として，「正直・誠実（Integrity）」，
「情熱（Passion）」，「責任・信頼（Responsibility）」，「敬意（Respect）」，「批
判的思考（Critical Thinking）」，「高い基準（High Standards）」を掲げている。
これらの価値観からは，将来の市民として期待される生徒の高い道徳性を養
おうとする意欲を感じることができる。

(2)　生徒指導・道徳性の育成の特色

　休み時間には，廊下で教師と生徒が極めてフレンドリーに挨拶したりハグ
したりしている。一方で学校規律が確立されており，授業規律も極めて良好
に保たれている。

　本校にも品行専門士が配置されている。スクールカウンセラーと協力して
指導に当たっている。

　出席の問題については厳しく対処している。特に「ずる休み（skip）」へ
の対処については，学区の無断欠席生徒補導員（truant officer）が行う。こ
の補導員は親に反則切符を切る権限を持っている。

　ゼロトレランスの指導については，「最近のアメリカの学校では，ゼロト
レランスから距離を置きつつある。」という説明であった。米国でもその副
作用が問題視されるようになったようである。問題行動に対しては，罰を与
えることが主たるねらいではなく，徹底して話し合うことによって本人の反
省を促すようにしているとのことであった。

　郡が提供するスクール・リソース・オフィサーという警察官が各学校を巡
回している。生徒にとっては，警察官は正義の味方であり，自分たちの将来
の職業モデルとして好意的に受け入れているとのことであった。

　いじめについては，「オレゴン州いじめ防止法（Oregon Anti-Bullying
Laws）」により，各学校が対処することになっている。

第6章　我が国の生徒指導のこれからの在り方

1　段階的指導等のルール確立による生徒指導の推進

　第4章1節において論じたように，重大ないじめ事件の背景には，学校の規律や秩序の崩壊が介在している。第4章4，5節で取り上げた，学校の規律向上に顕著な成果を上げた事例のように，規律正しい学校環境と規範意識の向上に成果を上げている学校では，深刻ないじめの発生は報告されていない。

　第4章5節－(4)で紹介したように，規律維持のための段階的指導を行っている学校においては，生徒たちの多くが，「先生たちに熱心に指導してもらった」，「社会人に必要なマナーやルールを指導してもらった」という感想を述べており，厳しくも温かい指導に対しての高い満足度を伺い知ることができる。

　米国においては，我が国よりも，ルールの遵守が一層徹底しており，ルール違反に対する明確な罰則規程が整備されている。

　ガーフィールド小学校では，第5章1節－(3)で述べたように，保護者ハンドブックを作成・配布し，保護者は，ハンドブックの内容を自分で読んで子どもに説明しなければならないことになっている。

　いじめ防止については，「オレゴン州いじめ防止法（Oregon Anti-Bullying Laws)」により，各学校は対処しなければならない。例えば，クレセントバレー高等学校では，生徒手帳に，「ネットいじめは許されない行為であること。違反した生徒は，放校処分に至ることもある。」「嫌がらせや脅しは許されない行為であること。違反した生徒は，停学処分に至ることもある。」という旨の記載がある。

　米国では，ルールに違反したら，それに相応した罰があるということが，小学校から徹底して教えられている。それに対して，我が国は，ルール違反に対する処罰規定が明確になっていない学校が多い。学校教育法に基づく停学処分は，我が国では実例が少ないのが現状である。機械的な処分を避け，

情を汲み取る指導が主流となっており，家庭謹慎という指導措置を用いる傾向が強くあるからである。

　米国では，教師の授業力や指導力の如何を問わず，児童・生徒は素直で従順である。いわゆる「学級崩壊」などは，今日では起こりえない。それは，学校のルールが確立しており，違反に対する処罰規定も整備されていることの寄与が大きいと考えられる。

2　教員以外のスタッフの充実の必要性

　我が国の学校は，教員が，校務のほとんどすべてを担当している。担任は，朝のショートタイムでの出欠の確認と遅刻指導，授業準備と授業，清掃指導，進路指導，問題行動への対応等の生徒指導，服装等の身だしなみ指導，交通安全指導，業後の部活動指導，補習，不振者指導，さらには保護者面談や家庭訪問などを一人でこなしているのが実態である。

　それに対して，米国では，教員以外のスタッフが極めて充実している。例えば，ガーフィールド小学校では，学級担任の他に，特殊教育の専門家，カウンセラー，品行専門士（behavior specialist），その他のアシスタントが10名もいる。ライナス・ポーリング中学校では，職員は，85名いるが，そのうち資格のある教員は35名で，その多くは，修士号を所有している。他の50名は，サポートスタッフである。クレセントバレー高等学校では，教員数は60名であるが，教員以外の職員が約65名おり，教育活動のサポートをしている。

　このようなサポートスタッフの支援により，教員は，教科指導に集中して勤務することができる。スクールカウンセラーや品行専門士の配置によって，担任が困難を一人で抱え込むことがないように，システムが整備されているからである。また，生徒にとっても，学校のルールは厳しいが，悩みや思いをじっくりと聞いてくれ，納得するまで付き添ってくれるスタッフに恵まれていることになる。その中で，生徒の道徳性も育まれていくと考えられる。

　また，清掃スタッフによって，学校内の生徒用ロッカーは整然と美しく整備され，床やトイレもきれいに磨きあげられて，ゴミ一つ落ちていない環境

が保たれている。破損した窓やロッカーを放置しておけば，更に環境が悪化していくということを教える「割れ窓の理論」からも納得できる措置である。

我が国においては，少人数教育がしばしば議論されているが，いじめや校内暴力等の事案を考慮すると，教員以外のスタッフの充実の必要性について，もっと多くの提案がなされてもよいと考える。

おわりに

我が国のこれからの教育にとって，いじめや体罰など生徒指導に関する諸課題は，解決を求められる喫緊の課題である。本稿では，主として規律指導・道徳性の育成を取り上げ，日米比較を試みた。その中で，特に，米国に学ぶべき点として，段階的指導等のルール確立による生徒指導の推進と教員以外のスタッフの充実の必要性を強調したい。最近，中央教育審議会から「チーム学校の推進」[13] という考え方が提唱されているが，大変良い方向であると考える。

取材に当たって，ご協力いただいた，愛知県立高等学校の都築仁美校長，瀬治山みど里校長はじめ，教頭，生徒指導主事の諸先生方，並びに米国視察の企画をされた実践教育研究会の都築仁美会長，同行の南山大学・宇田光教授[14] に厚く感謝する。

注及び参考文献

1) 文部科学省『生徒指導提要』教育図書，2010，p.1
2) 米国教育省公式HP "Public Law PL 107-110, the No Child Left Behind Act of 2001"
   ネイサン・エセックス原著（星野豊編著・監訳）『スクール・ロー』学事出版，2009，pp.19-22
3) 片山紀子『アメリカ合衆国における学校体罰の研究』風間書房，2008，pp.54-55
   The Global Initiative to End All Corporal Punishment of Children
   （http://www.endcorporalpunishment.org/）
4) 大津市立中学校におけるいじめに関する第三者調査委員会『調査報告書』

大津市公式 HP，2013

　　　中日新聞 2013.2.1 朝刊記事「いじめ自殺の原因」

　5）　豊田充『いじめはなぜ防げないのか』朝日新聞社，2007，p.7

　6）　文部省教務研究会編『詳解教務必携』ぎょうせい，2003，p.1329

　7）　豊田充『葬式ごっこ　―八年後の証言―』風雅書房，1994，p.43

　8）　文部省教務研究会編『詳解生徒指導必携』ぎょうせい，1991，p.141

　9）　前掲書，pp.134-135

10）　前掲書，pp.135-136

11）　前掲書，pp.137-139

12）　山田敏子「品性教育を充実させる　― No Excuse の理念のもとに ―」加藤十八編著『ゼロトレランスからノーイクスキュースへ』学事出版，2009，pp.118-129

13）　中央教育審議会答申「チームとしての学校の在り方と今後の改善方策について」2015.12.22

14）　宇田光・岡田順一「我が国の生徒指導の今後の在り方について　－日米比較からの考察－」『南山大学紀要「アカデミア」人文・自然科学編』第 6 号，2013，pp.49-69

第Ⅲ部

サーバントリーダーシップを目指して
―私の校長修行・式辞・折々の記―

要　旨

　筆者は，次に示す愛知県立の３高校の校長を務める機会を得た。
　　愛知県立大府東高等学校（1999.4 ～ 2004.3）
　　愛知県立中村高等学校（2004.4 ～ 2005.3）
　　愛知県立旭丘高等学校（2005.4 ～ 2010.3）
　３校は，新設校，戦後の学制改革直後に創立された学校，明治時代からの伝統校とそれぞれ特色があり，校風も異なっている。その中で，それぞれの学校の特色を生かしつつ，先輩校長先生方をはじめ教職員の皆さんが協力して築かれた業績を土台として，少しでも改革・改善をし，次代へバトンを渡すべく力を傾注した。その経験をまとめたものである。
　　学校の運営には，教職員，保護者，地域の協力が不可欠である。如何なる立派なスローガンを掲げても，教職員や保護者の理解なくして成就は困難である。そのために，筆者は職員の和を重んじ，可能な限りの対話を行った。
　　筆者の校長職にあった 11 年間は，それとは知らずに，自ずからサーバントリーダーシップを目指していたように思う。無論，到達点への道は遠く，遥かである。

はじめに

筆者は，次に示す愛知県立の3高校の校長を務める機会を得た。

　愛知県立大府東高等学校（1999.4 〜 2004.3）

　愛知県立中村高等学校（2004.4 〜 2005.3）

　愛知県立旭丘高等学校（2005.4 〜 2010.3）

　3校は，新設校，戦後の学制改革直後に創立された学校，明治時代からの伝統校とそれぞれ特色があり，校風も異なっている。その中で，それぞれの学校の特色を生かしつつ，先輩校長先生方をはじめ教職員の皆さんが協力して築かれた業績を土台として，少しでも改革・改善をし，次代へバトンを渡すべく力を傾注した。その経験をまとめたものである。

　学校の運営には，教職員，保護者，地域の協力が不可欠である。如何なる立派なスローガンを掲げても，教職員や保護者の理解なくして成就は困難である。そのために，筆者は職員の和を重んじ，可能な限りの対話を行った。

　ロバート K. グリーンリーフは，『サーバントであれ』[1] の中で，「サーバントリーダーシップは，日本人が得意とするコンセンサス形成のように機能する。むろん，最初は少々時間がかかる。全員が意見を求められるからだ。最終的にその意見が通るかどうかはわからないことを，やはり全員が納得した上で。しかし，ひとたびコンセンサスが形成されたら，気を抜かないこと。合意されたものごとが，全員が参加して，怒濤のごとく実行されるのだ。」という『フォーチュン』誌（1992.5.4）の記事を引用している。筆者の校長職にあった11年間は，それとは知らずに，自ずからサーバントリーダーシップを目指していたように思う。無論，到達点への道は遠く，遥かである。

　ソニー創業者の盛田昭夫は，カリスマ的リーダーとして著名であるが，サーバントリーダーでもあった。真田（2012）[2] によれば，盛田は，「人を許すことを身に付けるべきである。完全な人間はいない。悪い点から見始めたら，全部が悪く見える。部下を批判し始めたらダメ。人を許し，良い所を見るようにしよう。どんな人にも良い所がある。それを発揮させてあげよ

う。」「一人ひとりに参画意識を持たせることが大事。部下が『命令されたからする』と思ってはダメで部下自身が『これをやらねば』と思うように導く必要がある。そのためにはコンセンサスが大事である。しかし,『皆で決める』のは衆愚であり最悪である。ただし,大事なことは皆が自由に意見を言えることである。そういう機会がなければ,人は命令されたから仕方なくすると考える。」と語っている。

第7章　愛知県立大府東高等学校において（1999.4 ～ 2004.3）

1　学校の概要等

　本校は,1983（昭和58）年4月に愛知県大府市横根町に創設された新設校である。初代校長・鶏徳尚雄先生,2代校長・水野允先生の時代に,国際交流という時代に先駆けた特色を築き上げられ,オーストラリア・ビクトリア州ポートフィリップ市のエルウッドカレッジと姉妹校提携を結ばれた。本校の交流が縁となり,大府市とポートフィリップ市との交流も始まった。筆者は,社本昭利校長先生の後任として,1999年4月1日に着任し,2004年3月末までの5年間,5代校長として勤務した。未熟な新任校長と

図 7-1　大府東高校正門付近

しての 5 年間であったが，長谷川教頭（後に知立東高校長），都築教頭（後に刈谷北高校長）をはじめ，生徒指導主事の加古教諭（後に小牧高校長），学年主任の篠原教諭（後に半田商業教頭），上野教諭（後に岡崎西高校長），国際交流主任の岡本教諭など熱意ある教職員と PTA，素直で実直な生徒たちに助けられ，幸いにも国際交流の灯のバトンを次へ受け渡すことができた。大府市役所や初代 PTA 会長の加古忠利氏をはじめ，地域の皆様の学校に対する厚いご支援には，感謝し尽くせないものがある。

　着任 4 年目に，学校創立 20 周年記念式典行事を盛大に開催できたことも，学校・PTA・地域が一体となった協力の輪のお蔭であると感じている。会場の大府市勤労文化会館では，生徒たちが背筋をぴんと伸ばした姿勢を保ち，厳粛な式典を見事に演出した。

　筆者は，本校に勤務した 5 年間で，地元の支援の大切さと有り難さ，教職員の一致協力と和の必要性を学んだ。

2　学校創立 20 周年記念式典・校長式辞

　大府の街が，くろがねもちの逞しい姿に活力ある姿をみせるこのよき日に，愛知県立大府東高等学校創立 20 周年記念式典を挙行できますことは，本校関係者一同，望外の喜びとするところであります。

　ご多用の中をご臨席賜りました愛知県教育委員会教育委員・渡邉幹郎様，愛知県議会議員・深谷勝彦様，大府市長・福島務様をはじめ，多くのご来賓の皆様方に心から厚く御礼申し上げます。

　本校は，昭和 58 年 4 月，地域の皆様の強いご要望とご尽力によりまして大府市横根町の緑豊かな丘に創設され，ここに 20 年の節目を迎えることができました。

　初代校長・鶏徳尚男先生のご指導のもとに樹立されました，校訓「努力―労を惜しむな」は，生徒・卒業生の心の中にしっかりと根付き，オーストラリア連邦ビクトリア州立エルウッドカレッジとの国際交流活動をはじめとする特色ある教育を受けた卒業生は，既に 6,400 名を超え，社会の様々な分野の第一線で活躍しております。

第 7 章　愛知県立大府東高等学校において（1999.4 〜 2004.3）

　これもひとえに，愛知県及び教育委員会，大府市をはじめとする地域の関係機関の皆様，同窓会，PTA，歴代校長，教職員の並々ならぬご尽力，ご支援のたまものと存じ，深く敬意と謝意を表する次第でございます。

　教育目標として，「素直明朗で健康な人間」「明確な目的意識をもつ人間」「社会の発展に寄与できる人間」「国際的視野をもつ人間」の育成を掲げ，不易と流行の両面にわたって積極的な教育活動を展開し，生徒の人格の完成に努めてまいりました本校教育の伝統は，今後とも脈々と受け継がれていくものと思います。創立 20 周年を迎えるいま，謙虚に未来を見据えるとともに，先人たちの熱い息吹を感じ，その労苦を肝に命じなければなりません。「先人樹を植えて後人涼を得」という諺にありますように，本日を次の 10 年への新しい出発点として，本校が一層地域の信託に応え得る学校となりますよう教職員一同気を引き締めて努力いたす所存でございます。

　この 20 周年を記念して，生徒がシンボルマークと標語を考案しました。標語は生徒諸君の投票により「未来へ羽ばたけ我が母校」に決まりました。在校生の皆さんには，この標語のように将来にわたって輝きを持ち続ける学校であるよう一丸となって前進努力してほしいと願っています。

　本日の記念式典を迎えるに当たっては，歴代 PTA 役員と同窓会役員の方々

図 7-2　創立 20 周年記念式典（大府市勤労文化会館）

を中心として創立20周年記念事業実行委員会が組織され，記念事業の実施に向けてご尽力いただきました。民謡の全国大会優勝者である本校四回生の水上弥生さんに記念演奏をしていただき更に11月15日には，創立20周年記念芸術鑑賞会として大府市の鈴木林蔵さんを中心とする劇団にシェークスピアの「マクベス」を上演していただくこととなりました。在校生にとってまたとない有意義な機会であると期待しています。

　最後になりましたが，ご臨席の皆様方のご健康とご発展をお祈りいたしまして，また，これからも本校への変わらぬご支援ご鞭撻を賜りますよう心からお願い申し上げまして式辞といたします。

　　　　（2002（平成14）年10月5日。原文は縦書き，数字はすべて漢数字。）

3　姉妹校エルウッドカレッジ訪問に際しての校長スピーチ

Message from the Principal

　Mr. Muller, school members, teachers, and students of Elwood College, I am very pleased to represent our school and to thank you for your warm welcome and friendship. We have strengthened our ties of friendship since

図7-3　本校からの短期留学生がエルウッドで現地生徒とともに授業を受けている様子

第 7 章　愛知県立大府東高等学校において（1999.4 〜 2004.3）

図 7-4　エルウッドから本校への短期留学生が本校生徒とともに書道の授業を受けている様子

we established our sister school relationship in 1985.

In 1986, twenty teachers and students at our school first visited your school. This is the 11th time to visit your school. I am pleased to be able to inform you that your exchange student, Sebastian Bert has adjusted to living in Japan and is enjoying his school life. He is making good effort to learn Japanese and all the teachers and students regard him as a good student. We expect him to learn many aspects of Japanese culture.

I am also glad to hear that our exchange student Kazuya Asada is spending profitable days. I hope that he will make as many friends as possible.

In Aichi Prefecture, where our school is located, The 2005 World Exposition is to be held. In advance of that, the new international airport will be completed soon near our school. That will make the distance between Australia and Japan much closer. In many aspects, such as protection of global environment, economy, culture and so on, Australia and Japan are main countries in Asia and the Pacific area. It will be a great pleasure for us to be able to promote international friendship through this exchange program.

During this five-day stay, we want to learn as much as possible. And we hope to tell the teachers and students of our school about your kind hospitality.

I thank you once again for all of the things you have done to welcome us. I would like you to accept the gift from our school. I wish your school every happiness and prosperity.

（2003（平成 15）年 8 月 8 日，於オーストラリア・ビクトリア州ポートフィリップス市，エルウッドカレッジ）

4　PTA 会報『冬青』校長挨拶

　世界を揺るがすような大きな出来事の多かった平成 15 年も残すところ僅かとなりました。PTA 会員の皆様におかれましては，お健やかにお過ごしのことと拝察申し上げます。

　昨年の本校創立 20 周年記念式典において，生徒たちが「未来へ羽ばたけ我が母校」という標語を掲げてくれました。本年は，その標語にふさわしい活躍を生徒たちが成し遂げつつあります。これもひとえに PTA の皆様の温かいご支援の賜物と厚く感謝申し上げる次第であります。

　本年夏以降を振り返ってみたいと思います。

　8 月 7 日から 18 日まで，姉妹校のエルウッドカレッジへ短期派遣団（生徒 6 名，エルウッド会会長の加古御夫妻，PTA3 名，教員 3 名）として訪問しました。当地で従前にも増して温かい歓迎を受け，生徒たちもオーストラリア風味の寿司をホストスチューデントとともに手作りして賞味したり，昔の金鉱山跡で歴史を探訪したりと有意義な経験を積みました。来年 4 月には，エルウッドからの派遣団を本校が受け入れることになります。また，平成 18 年 4 月に，本校で姉妹校提携 20 周年行事を行い，エルウッド関係者を招待することを約束してきました。

　9 月は合唱大会，文化発表会，体育大会の時期です。1 年間で生徒たちが最も熱く燃える学校行事です。本年は，生徒会を中心として「大東祭」と

いう愛称を創案し，学年団を編成して，内容も充実し大いに盛り上がりました。3年生が下級生の面倒を良く見てくれたことはとても頼もしく思いました。高校生活の大変良い思い出ができたのではないかと思います。

本校陸上部男子が，秋の新人戦知多地区予選で総合優勝という快挙を成し遂げました。4 × 400 メートルリレーを始め，6種目で1位を占め，2年生の岡村隆平君が最優秀選手に選ばれました。来年が楽しみです。

10月15日には，本校が文部科学省から指定されたサイエンス・パートナーシップ・プログラムを実施しました。名古屋大学大学院教授の松田幹先生に来校していただき生命科学の最先端の講義と遺伝子抽出実験を行いました。定期試験最終日の午後という不利な時間帯にもかかわらず，実験に真剣に取り組んだ生徒諸君の熱意に心を打たれました。生きた豚の精子が活発に運動している様子を顕微鏡で見て感嘆の声が上がっていました。

10月25日には，中学生を対象に学校説明会を開催しましたが，多数の参加があり，生徒会を中心として，演劇部や吹奏楽部，野球部，華道部等の部活動生徒の歓迎に，「大府東高校にぜひ入学したいという気持ちが一層強くなった。」という感想をもらっています。

3年生は今，各自の進路実現を目指して最後の追い込みにかかっています。勉学にベストを尽くす生徒諸君に期待して吉報を待ちたいと思います。

最後になりましたが，保護者の皆様にはお健やかに良い年を迎えられますよう心から祈念申し上げます。　　　　　（2003（平成15）年12月16日）

第8章　愛知県立中村高等学校において（2004.4 ～ 2005.3）

1　学校の概要等

本校は，1953（昭和28）年4月に名古屋市中村区に創設された県立高等学校である。開校当時は，校舎が未完成で，近くの松蔭高校の一画の教室で授業が行われた。翌年10月に中村区菊水町の新校舎に移転し，校旗も制定された。その後生徒数が増え，1964年には，新入生11クラス，605名

と最大規模になった。

　1973年から，学校群制度がスタートし，本校は5群（名古屋西－中村）と6群（中村－明和）に属した。

　1989年からは，複合選抜制度が始まり，今日に至っている。

　筆者は，桜井正一校長先生の後任として，2004（平成16）年4月1日に第15代校長として着任した。生徒は素直で明るく，部活動も活発であり，一人一人の教職員も，学識豊富にして経験豊かであった。しかし，当時は，教職員の団体が3種類あり，それぞれが異なる信条を持っていたため，勤務時間の割り振り等においても事前に少なくとも3回は話し合う必要があった。職員会議でも，異なる意見が鋭く対立することもしばしばであった。過去10年ほどの間に，校長が某団体に所属しているある職員から様々な理由で裁判に訴えられることも度重なっていた。その職員は，著書の中で次のように書いている。「今では裁判好きの私も，最初はかなり抵抗がありました。しかし，思い切って提訴に及んでからは，法令を駆使して自分の主張を存分に展開できる楽しさにとりつかれてしまいました。（中略）裁判に対して何か文句を言う人には，『あなたも被告になりますか？』と尋ねてあげましょう。」[3]

　しかしながら，教育のためではなく，裁判のためにエネルギーを消費するということは，限りなく空虚なことと思う。筆者も着任して1年後に，理解しがたい理由で名古屋地裁に訴えられ被告の立場となったが，その1年後に原告側の訴えは退けられた。

　筆者は，何よりも優先してすべての教職員の和の確立に全力を注いだ。校長室で話すだけでなく，職員室や教科準備室，校務分掌の部屋に出向いて，学校のあるべき姿，将来像や改革について語り合った。そうした中で，いかに信条が異なろうとも，「中村高校の生徒の成長のために」という一点では，皆が完全に一致協力できるということを知り，大きな力を得た思いであった。夏季休業期間が終わり，2学期に入ると，少しずつ成果が表れ，職員会議も穏やかな雰囲気になってきた。西尾教頭（後に春日井西高校長），川本教頭をはじめ中村高校を愛する多くの教職員の地道なサポートが大きく寄与して

第 8 章　愛知県立中村高等学校において（2004.4 〜 2005.3）

いる。とりわけ困難な事案解決に尽力した生徒指導主事の村上教諭，休日返上で校舎内壁の美化に尽力した杉嶋教諭らの地道な努力には敬意を表したい。

　新しく同窓会長に就任された萩原電気株式会社社長（当時）の萩原義昭氏が極めてご多忙の中，学校をしばしば訪ねてくださり，あらゆる面で支援していただいた。人を大切にするという氏の会社経営の在り方は，学校経営と通じるところが多く，この出会いは，筆者にとって極めて大きな財産となった。氏の経営は，サーバントリーダーシップ[4]をごく自然に発揮されているように感じた。

　学校改革の骨子は，4節に示す。3月末の定期人事異動により，思いもかけず在任1年間で本校を去ることになったが，学校の特色づくりとして打ち出した国際交流事業の具体化は，後任校長の三宅正夫先生が完成してくださった。大変ありがたく厚く感謝申し上げる次第である。

図 8-1　中村高校正門付近

2　同窓会報　校長あいさつ

　中村高等学校同窓会（中村会）の皆様には益々御健勝のこととお慶び申し上げます。

本年4月，前任の桜井校長先生の後を引き継ぐようにとの辞令を頂きました。力不足ではありますが，中村高校の充実，発展のために全力を傾注する所存でございます。どうぞよろしくお願い申し上げます。

　本校に赴任して早半年が過ぎようとしています。その間，様々な生徒の姿を見てきました。早朝に登校して，教室で熱心に自習している生徒達，気持ちよく挨拶する生徒達，部活動の練習に熱心に取り組む生徒達，試合で青春のエネルギーを大いに燃やす生徒達。このような生徒達に勇気付けられてきました。校歌に「純情の友とゆく」という一節がありますが，そんな爽やかな気持ちにさせてくれる生徒達がたくさん学んでいます。

　部活動（ダンス部，書道部）や生徒会活動で，最近3件も，本校を好意的に新聞が報道してくれました。サッカー部，陸上部，水泳部，弓道部，テニス部，剣道部など多くの運動部も，県大会出場など好成績をあげています。また，空手道では1年男子がインターハイに出場しました。一方で，改革を図らねばならない面も多々あります。

　末筆ながら，同窓会の皆様の一層の御発展を心から祈念申し上げますとともに，本校に対しまして，御指導，御支援を賜りますようお願い申し上げます。

（2004（平成16）年12月1日）

図 8-2　ダンス部の演技（指導は顧問の安井教諭）

3　中村高校 HP　校長あいさつ文

　本校は，昭和 28（1958）年に，地元の皆様の熱意により，太閤秀吉ゆか

第8章　愛知県立中村高等学校において（2004.4～2005.3）

りの地，豊国神社にほど近い名古屋市中村区菊水町に創設されました。本年度で創立52年目となりました。質実剛健の気風のもとに草創期の充実・発展を遂げた後，創立21年目から学校群制度となり，本校は明和高校，名古屋西高校と群を組みました。当時は何かにつけて両校と比較され，試練の時期もありましたが，県下随一と言って良い進学実績を上げるようになり，評価も定まり，生徒の自主的な活動も充実の時期を迎えました。平成元年度からは複合選抜制度となり，既に17回の入試を経て，生徒諸君は勉学に部活動に活発に取り組み，次の新たな発展の胎動が聞こえています。

　本校の卒業生は，2万人を超え，各方面の第一線で活躍されています。同窓会の活動も萩原義昭会長のもとで活発であります。本校出身の著名な方には，『1980アイコ十六歳』で史上最年少の文芸賞を受賞された堀田あけみ氏や『女のモノサシ』など多くのエッセイを書かれている内藤洋子氏がおられます。

　本校の生徒会活動・部活動はとても活発であります。本年度だけで既に3件も新聞を飾ることができました。読売新聞（H16.8.4，生徒会長），毎日新聞（H16.9.4，ダンス部），中日新聞（H 16.9.12，書道部）です。大変名誉なことだと誇りに思います。式や全校集会等で表彰する部活動も数多く，また受賞には達しなくても黙々と練習に励んでいる部にも敬意を感じています。生徒会活動も自主的な取組に大いに努力しています。学校祭を成功させるだけでなく，新潟地震に際しては，被災者への支援募金にいち早く取り組んでくれました。

　本校の校歌の作詞者，勝承夫（かつよしお）氏は日本音楽作詞者協会会長を務められた高名な方で，文部省唱歌『とうだいもり』の作詞者でもあります。歌詞の随所に含蓄のある，美しい言葉が見られます。「昔も今も　中村は　英気の泉　心のふるさと」もその一節であります。本校で学んでいる生徒諸君には，理想の実現を目指して，生涯にわたって努力し，いつまでも中村高校を「心のふるさと」としてほしいと願っています。

　同窓会やPTAの皆様をはじめ，関係の皆様の一層の御支援・御鞭撻をお願い申し上げます。　　　　　　　　　　　　　（2004（平成16）年10月）

4　学校改革「プロジェクト中村 21　委員会」まとめ報告

　本委員会は，前任校長の桜井先生が立ち上げられたものであるが，そのまとめを得ることができた。これにより，改革の方向性を明確に打ち出すことができた。

(1)　学校の現状

　16 年間の学校群制度（中村―明和，中村―名古屋西）の時代を経て，平成元年度から複合選抜制度に移行したが，最近数年間の入学者は多様化してきている。

　学習面，生活指導面において，様々な課題が生じているが，本校の教育の仕組みの多くが，学校群制度時代のままであり，現在の生徒に適合しているとは言い難い面が生じてきている。（一部省略）

(2)　今，必要なこと

　現在の在籍生徒の特徴・資質を見極め，学校の教育の仕組みを現在の生徒に適合したものに改革していく必要がある。この改革によって，地域の信頼を取り戻すことが可能になると考えられる。

(3)　検討を要する事項

［学習指導・進路指導］

- ①　授業の充実
- ②　教育課程の見直し（2 年生からの文理選択の導入等）
- ③　単位認定基準や評価の見直し
- ④　家庭学習時間の確保
- ⑤　学習と部活動等との両立
- ⑥　補習の充実

［生活指導］

- ①　服装・頭髪等のみだしなみ指導
- ②　遅刻・早退防止
- ③　交通安全指導（自転車のマナー）

［清掃・環境美化］

第 8 章　愛知県立中村高等学校において（2004.4 ～ 2005.3）

　① 　清掃の徹底
　② 　教室・廊下・階段の美化（修理を含む）
［広報活動の充実］
　学校ホームページの更新・充実
［学校の新たな特色の創造］
　国際化への対応（国際理解教育の充実，海外への生徒の短期派遣等）
［土曜日の活用］
　文化教養講座等（卒業生の能力の活用）により，地域へアピール
［独自財政基盤の確立］
　同窓会長の萩原義昭氏のご尽力により，同窓生等の寄付金を「英気の泉」として蓄え，生徒の諸活動に助成することが可能となった。

（2004（平成 16）年 12 月）

5　学年末の PTA 役員会での校長報告（骨子）

(1)　本年度（平成 16 年度）に改善したこと

① 　学校評議員制度の導入（9 月）
② 　冬休みに進学補習を実施（全学年）
③ 　始業前の早朝学習の導入（2 年）
④ 　土曜日にセンター試験のためのマークシート学習会を導入（3 年）
⑤ 　頭髪・身だしなみ指導の充実（全学年）
⑥ 　校内美化の推進（教室・廊下の天井・壁面の修理と塗装，フロアの汚れの除去等）

(2)　今春の大学入試の結果（現在判明分の中間報告）―主な合格校―

京都大学（1），名古屋大学（3），北海道大学医学部（1），宮崎大学医学部（1），名工大（4），愛教大（4），岐阜大（9）等，国公立大学計 44 名以上
早稲田（6），慶応（3），同志社（11），立命館（28），南山（29），愛知（29），名城（72），中京（63）等，私立大学計 682 名以上

(3)　平成 17 年度の新企画

① 　愛知県立中村高等学校土曜教養講座「中村未来塾」の実施

（名称は，同窓生で作家・内藤洋子氏の発案による。）

主催：愛知県立中村高等学校 PTA

後援：愛知県立中村高等学校同窓会（依頼中）

会場：原則として本校会議室

趣旨：本校は創立 50 年を経て，2 万人を超える卒業生を輩出している。その中には各分野の第一線で活躍している方が多数存在している。そのような本校 OB・OG をお招きし，生徒達に新鮮な刺激を与えていただくとともに，彼らの将来の職業選択の一助とすることを目的とする。

講師：本校卒業生で，各分野で活躍している方

参加者：希望者（本校生徒，同窓生，PTA，職員），将来的には地域住民等

実施時期等：部活動の試合のできるだけ少ない時期に，年間 3 回程度実施

② 国際交流事業・海外への短期留学生の派遣・引率への準備

趣旨：国際的視野を持ち，世界の発展に貢献できる力を養うことを目指し，国際理解教育の推進を図る。

事業内容例：希望する生徒を対象として，夏期休業中に短期海外派遣（留学）を実施。インターネット等により，海外の高等学校との交流等。

準備等：平成 17 年度を準備期間とし，校内で国際交流準備委員会を立ち上げる。

PTA において，国際交流支援のための組織作り等の準備を進める。

（2005（平成 17）年 3 月）

〔注〕 国際交流事業については，筆者の後任校長の三宅正夫先生が，オーストラリア・メルボルンのメントン・ガールズ・セカンダリー・カレッジとの姉妹校提携を実現された。

第8章　愛知県立中村高等学校において（2004.4 ～ 2005.3）

6　卒業式校長式辞

　本日，ここに，愛知県立中村高等学校の第50回卒業証書授与式を挙行できますことは，学校といたしまして，誠に大きな喜びであります。

　今日の佳き日に，卒業生357名の旅立ちを見送るためにご臨席賜りましたPTA会長伊藤康裕様，学校評議員の萩原義昭様，内藤洋子様，宮崎晃吉様，地元の中学校長様をはじめ多数のご来賓の皆様方に心から厚く御礼申し上げます。

　また，保護者の皆様には，晴れの日に列席せられ，感慨ひとしおのことと拝察申し上げ，心からお喜び申し上げます。

　卒業生の皆さん，おめでとう。

　十五の春に本校の校門をくぐった皆さんが，三年の充実した鍛練の月日を経て，立派に成長し，本日，ご参会の皆様や恩師，在校生の温かい眼差しと祝福に包まれて，晴れてこの学舎を巣立つことになりました。

　前途に幸多かれと祈らずにはおられません。

　顧みれば，皆さんは本校創立50周年の記念すべき年に入学したのであります。その創立記念行事として，本日ご臨席を賜りました皆さんの大先輩の内藤洋子様が創作されました「わが故郷は平野金物店」が上演されました。そのときの情景は，皆さんの心にこれからも常に新鮮な感動を呼び起こすことと思います。

　皆さんが在籍した期間は，21世紀の幕開けという歴史の節目に当たる3年間でありました。この学舎で，激動する世界と我が国の政治・経済，地理・歴史を学び，最先端の科学の成果を含めた自然の摂理に感動しました。

　学校行事では，文化祭・体育祭。生徒会のリーダーシップのもとに，友と協力して一つのことを成し遂げる喜びを学び，また部活動では汗を流して友情を深め，青春のエネルギーを傾注したのであります。更には，昨年の新潟中越地震では各校に先駆けて，支援の募金活動に積極的に取り組んだのであります。これらの体験はこれからの皆さんの人生にとって貴重な財産になると確信しています。

101

新しい人生の旅立ちに当たり，皆さんへの期待をこめて二つの事について述べたいと思います。

　第一は，大きな志を抱いてほしいということです。

　一世紀前の我が国は，福沢諭吉をはじめ，次々と偉大な先覚者を生み出しました。同じころ，世界に目を移しても，アインシュタインの相対性理論やプランクの量子論など世界観を一変させる発見が相次いでいます。君たちも大きな志を抱いて，この日本を，また世界を明るく元気なものにしてほしいと願っています。

　第二は，常に感謝の気持ちを持ち続けてほしいということです。

　今日この日を迎えたのは，君たち一人一人の力だけではありません。家族，先生，その他多くの人たちが温かい気持ちと援助の手を差し伸べてくださったおかげであります。これからの長い人生の中でも様々な人たちとかかわり，有形・無形の恩恵を受けて成長していくのです。自分一人でできたのだという思い上がりは，その人の成長を止めてしまいます。

　曹洞宗を開いた道元禅師の教えの中に，「花，紅にして美なりといえども，ひとり開くにあらず。春風来たりて初めて開くなり。」という言葉があります。これは，人が自分一人だけ努力するというのでは，人生の本当の花を咲かせることはできない。励ましてくれる多くの人や周りを認識し，有り難いことと感謝し，それを活かしていくことが必要であることを説いています。

　本校の校歌の作詞者・勝承夫（かつよしお）氏は，日本音楽作詞者協会会長を務められた高名な方で，文部省唱歌『とうだいもり』の作詞者でもあります。歌詞の随所に含蓄のある，美しい言葉が見られます。「昔も今も　中村は　英気の泉　心のふるさと」などであります。理想の実現を目指して，生涯にわたって努力し学び続け，いつまでも中村高校を「心のふるさと」としてほしいと願うものであります。

　いよいよ旅立ちであります。

　ここに第50回卒業生357名の皆さんの前途を祝福するとともに，ご参会の皆様方のご健康とご発展をお祈りいたしまして，式辞といたします。

　　　　　（2005（平成17）年3月1日。原文は縦書き，数字はすべて漢数字。）

第8章　愛知県立中村高等学校において（2004.4 ～ 2005.3）

【参考】
　この卒業式の折の卒業生代表答辞は，内容が充実しており，列席者一同，大いに感銘を受けたので，以下に紹介する。

答辞
　3年間通い慣れた通学路。
　笑い声あふれる校舎。
　仲間達が集う教室。
　とうとう，中村高校との別れの日がやってきました。別れの日は新しい出会いの始まりの日でもあります。
　私は中村高校で過ごした3年間を振り返ると，数えきれないほどの出会いがありました。信頼できる仲間，切磋琢磨し合えるライバル，新たな仲間との出会いは新しい考え方を発見できました。クラスの仲間達と団結する素晴らしさや喜びを共に分かち合いました。生徒会活動は創造する楽しさや難しさを数多く経験できました。勉強だけではなくこれからの人生に必要な知識や考え方などを教えてくださった諸先生方，学年をこえて先輩方や後輩達との出会いがありました。ここで結ばれた「絆」を大切にしていきたいと思います。
　そして，そういう人々との出会いによって，3年前とは比べられないほど成長した「自分」に出会う事ができました。これから，それぞれの歩むべき道は違いますが，多くの出会いがあると思います。今日という日は二度とありません。一歩一歩を踏みしめながら，「今」というこの一瞬を大切にしていきたいと思います。そして，何事に対しても感謝の気持ちを忘れずに生きていきたいと思います。
　普段，私達は相手に対して感謝を表す時には「ありがとう」と言います。その語源をたどってみると古文の単語の『ありがたし』に行き着きます。その意味は『それが起こるのはめったにない。難しい。』という意味でした。様々なことに対して当たり前と思わず，感謝の気持ちを持つ事を知りました。
　中村には様々な行事がありました。その行事のほとんどは生徒が中心となって運営していました。お揃いのクラスTシャツを着てグランドや体育館で懸命にボールを追いかけ，一喜一憂した球技大会。街を散策したり，バーベキューに舌鼓を打って楽しんだ遠足。そして中村最大の行事，学校祭。団席の後ろに描かれた，大きくて芸術的なボード。彩り鮮やかな衣装に身を包み，華麗で情熱的なダンスを披露したパフォーマンス。青空の下，ゴールへ向かって

走る仲間に声援で後押しした体育祭。各クラスでテーマを決めて討論し，いろんな視点から物事を考える事ができたクラスゼミ。音楽で，漫才で魅せてくれたスーパースクエア。いろんな場所で日頃の成果を発揮してくれた文化部発表。

そして今でも忘れられないのは文化祭のクラス発表です。今年も3年生は全クラス，「演劇」でした。忙しい受験勉強の傍ら，暑い教室の中で共に汗を流し，時には意見をぶつけあったこともありました。みんな考え方はそれぞれ違うけど，クラス一丸となって完成を目指しました。どれも忘れられない大切な想い出です。

在校生の皆さん。もっと，中村高校が誇る「自由」の意味について考えて欲しいと思います。皆さんにとって「自由」とは当たり前にあるものだと思います。しかし，「自由」には責任が伴う事を忘れないでください。きちんと責任を果たさなければ，いつかは無くなってしまいます。

では，「責任」とは何でしょうか？　それは規律ある生活です。芥川龍之介は言っています。『自由は山頂の空気に似ている。どちらも弱い者には堪えることはできない。』

時間はみんな平等に与えられています。遊んでも，部活をしても，勉強しても，平等に過ぎていきます。時間をどう使うかは皆さん次第です。自分で自分の日々の行いを見つめて，今すべき事をしていってください。毎日，その日にできる精一杯の事をしていけば，きっとその先には新しい「自分」に出会えるはずです。

最後になりましたが，3年間，様々な場面でご指導してくださった諸先生方，18年間，私達を支え，育てくれた保護者の方々には感謝の言葉もありません。いつも反抗してばかりで，恥ずかしくて言えないけれど，この場を借りてお礼を言いたいと思います。いつもありがとうございました。これからもよろしくお願いします。　　　　（2005（平成17）年3月1日　卒業生代表　T. I.）

第 9 章　愛知県立旭丘高等学校において（2005.4 〜 2010.3）

1　学校の概要等

　本校は，1870（明治3）年に名古屋藩が設けた洋学校（後の愛知英語学校）を起源とする。1877（明治10）年に愛知県に移管され，後に愛知県第一中学校（愛知一中）となる。戦後の学制改革により，この愛知一中と名古屋市立第三高等女学校が統合され，男女共学の愛知県立旭丘高等学校となり，現在に至っている。卒業生には，明治の文豪と言われる坪内逍遥，二葉亭四迷，普通選挙法を成立させた総理大臣の加藤高明，国粋主義者として歴史に名を残す三宅雪嶺，ソニー創業者の盛田昭夫，日本国憲法起草者の金森徳次郎，歌人の岡井隆らがいる。1950（昭和25）年には，県内公立高校唯一の美術科が設置され，多くの優れた芸術家を生んでいる。

　1973（昭和48）年から愛知県公立高校入試制度が，それまでの尾張学区と三河学区による二大学区制のもとでの単独選抜から，学校群制度へと大きく変更された。この制度により，生徒は，希望する学校へは必ずしも入学で

図 9-1　旭丘高校正門付近

きなくなり，旧制中学の伝統を受け継ぐ公立伝統校は変化の時期を迎えることとなった。この学校群制度の趣旨は，公立高校の格差解消・平準化を狙ったものであり，1988年入試まで計16年間続き，様々な意味で各方面に大きな影響を与えて終わった。

1989（平成元）年から，愛知県教育委員会は，学校選択の自由の拡大を掲げ，それまでの学校群制度を廃止し，愛知県独自の複合選抜制度を新たに始めた。この制度は，各学校の特色化を促進し，高校教育の活性化を狙ったものである。本校においても，この制度の趣旨を生かす経営努力が歴代の校長のリーダーシップのもとになされてきた。

筆者は，校舎建て替えに尽力され学校の充実発展に大きな業績を残された野々部幸藏校長先生の後任として，2005（平成17）年4月1日に着任し，2010（平成22）年3月末までの5年間，第14代校長として勤務した。その間，前任校長の教育方針を継承するとともに，さらなる発展を目指して，生徒の自主性・自律性を生かし育てる学校経営を目指した。

安達教頭（後に瀬戸高校長），串田教頭（後に津島東高校長），宮澤教頭（後に天白高校長）をはじめ熱意溢れる教職員の協力のもとに，生徒会活動・

図 9-2　旭美展（美術科の卒業制作展）　愛知県美術館にて

第 9 章　愛知県立旭丘高等学校において（2005.4 ～ 2010.3）

部活動の活力維持，自主的学習活動の活性化，芸術を大切にした豊かな人間性の育成，それらを基盤とした学力向上に努めた。

2010 年春の大学入試結果では，難関大学進学者数や率において，週刊誌報道等で公立高校全国一に位置づけられた。表 9-1 に 2010 年の学級数と生徒数を，表 9-2 に同年春の主な大学の合格者数を示す。

表 9-1　愛知県立旭丘高等学校の学級数と生徒数（2010（平成 22）年）

	1 年	2 年	3 年	全体		全体
普通科男子	183	195	196	574	美術科男子	18
普通科女子	137	129	123	389	美術科女子	102
普通科合計	320	324	319	963	美術科合計	120

全日制課程普通科は各学年 8 クラス・320 人，美術科を擁し各学年 1 クラス・40 人。

定時制課程は普通科のみで，各学年 1 クラス。

表 9-2　主な大学の合格者数（2010（平成 22）年春，現浪計）

東京大学	32	大阪大学	19	早稲田大学	72
京都大学	33	神戸大学	18	慶応大学	49
国公立医学部医学科	35	名古屋市立大学	28	東京理科大学	64
一橋大学	7	東京芸術大学	4	南山大学	53
東京工業大学	6	旧七帝大合計	148	同志社大学	61
名古屋大学	55	国公立大合計	311	立命館大学	62

本校は，夜間定時制課程普通科を併設している。定時制は入学式をはじめ各種式典を夕刻に行うが，厳粛な雰囲気づくりに協力する生徒たちの姿勢にいつも感動を覚えた。地道に指導に当たった服部教頭をはじめ定時制課程の教職員に深く感謝したい。

また，鯱光会（愛知一中・市三高女・旭丘高校の同窓会）による学校への支援は，物心両面で大変大きいものがある。鯱光会の大島宏彦会長（中日新聞最高顧問），加藤千麿会長（名古屋銀行会長），余語三枝子事務局長（元県立学校長）をはじめ同窓会役員・理事の方々には格別お世話になり，厚く感

謝申し上げる。なお，現在は，内山田竹志会長（トヨタ自動車会長）のもとに，創立140周年記念事業の準備を精力的に進めておられる。

2 目指したこと

筆者は，歴代校長の改革の業績を尊重した上で，さらなる改革の柱として，次の4点を目指し，教職員の協力を得つつ，じっくりと少しずつ着実に実行に移すこととした。
(1) 学校の教育活動の可能な範囲において，生徒の自主性・自律性を最大限に大切にし，それを育てることを教育の根幹に据える。
(2) 生徒の自主性・自律性を生かすことにより，学力向上を図る。
(3) 生徒の自主性・自律性を生かすことにより，部活動を中心としてスポーツや芸術を振興し，教養を高め，豊かな心を育むようにする。
(4) 地域に止まらず，全国に開かれた学校とする。

3 「教育目標」の改定

学校の「教育目標」の細部は毎年工夫されていたが，根幹部分は，1961年に制定されて以来，一度も改定がなされていなかった。文言に定められた校訓を持たない本校としては，容易には変更できなかったと思われる。筆者は，教頭をトップとし，関係分掌の代表から成る「教育目標検討委員会」を発足し，原案を練り，運営委員会を通して職員会議に提出するようにした。原案検討の趣旨は，本校が不文律のように大切にしてきた「生徒の自主性・自律性」を教育目標として明示すべきだということである。併せて，愛知一中の校訓「正義を重んぜよ，運動を愛せよ，徹底を期せよ」の文言を取り入れることができれば良いと考えていた。（本校には，校訓の代替として，愛知一中の校訓が精神的伝統として受け継がれてきた。）

改訂前の教育目標は，「日本国憲法と教育基本法とに明示されている基本精神に基づき，高等学校としての全人的完成教育を行う。そのため，教師と生徒は相互に信頼しあい，学習活動と特別活動との健全な均衡の上にたち，民主主義の原理と方法とを体得し，社会全体の幸福と繁栄とを追求する努力

の中で，自己の全能力を発揮させるように努める。」であった。

　改定案は，「真理と正義を愛し，自主・自律の精神に充ちた心豊かな生徒の育成を期し，高等学校としての全人的完成教育を行う。（以下は従前と同一。）」である。2007 年 2 月の職員会議において，全教職員が賛同し，校長決裁して 46 年ぶりに教育目標を改定した。

　教育目標の理念は，全教職員が気持ちを一つにしなければ実現することはできない。校長の思いを様々な場面で職員に語りかけ，最終的な賛同を得るために，着任してから約 2 年間を要した。

4　生徒主導による授業改革「意見制」

　授業内容に対して，生徒・保護者の要求水準は極めて高い。それに応えるべく，教職員は教材研究に相当な力を注いでいる。職員室は，授業準備にいそしむ教師集団の醸し出す静謐な雰囲気がある。しかし，生徒は常により高い水準の授業を求めている。

　筆者が着任した 2005 年 4 月，前期の生徒会長Ｎ君（3 年生）は，立候補演説において，「生徒が先生を選べるようにします。」という公約を掲げて当選した。彼の主張は，次のようなものである。「例えば，数学の先生は 9 人おられる。その一人一人が自分の数学の授業について，このレベルの内容をこのような方法で教えるというマニフェストを作成し，それを全生徒に配布する。生徒は各先生のマニフェストを参考にしながら，どの先生の授業を受けるか選択する。そうすれば，生徒と先生のミスマッチによる授業の不満はかなり解消できる。また，生徒が誰も選択しないような先生は，本校の生徒にとって魅力に乏しいということであり，ダーウィンが言うように自然淘汰されていく。」というものである。圧倒的な生徒の支持を受けて生徒会長に当選したＮ君は，早速，公約の実現に向けて活動を開始し，彼の支持者数名とともに校長室を訪れた。校長室へは代表者だけ入室を認めるというのが一般的な作法であるが，筆者は，可能な限り多くの生徒と直接語り合い，生徒の自主性・自律性を育てることにより，学校を改革したいという強い思いがあったので，校長室のドアをノックする生徒は，原則として全員入室させ

ていた。筆者の都合で夕方の6時から7時ころまでの時間帯で彼らの主張を聴いた。真剣なまなざしで訴えるN君に心を打たれたが，時間割編成や教職員の負担の平等性，教職員人事の問題など，乗り越えなければならない困難は極めて大きいことを話した。そして，「生徒会が授業を改革しようと立ち上がったことは，大いに意義あることと思う。最初から校長の力に頼らず，まずは君たち生徒の力で，どこまで改革できるか，やってみてください。私は，できるだけ表に出ないようにして，君たちの活動を温かく見守っている。」と激励して帰宅させた。

　この日から半年間，生徒会はN君を中心にして生徒会顧問の教師と粘り強く幾度となく話し合いを続け，当初の公約はそのままの形では実現できなかったものの，授業改善につながる「意見制」という新たな制度として結実した。「意見制」とは，授業について，生徒一人一人が，意見を言いたい先生へ宛てて書く手紙のようなものである。相手の先生の名前と自分の名前を明記し，一人の先生につき一枚の用紙を用い，生徒一人で何人の先生にでも自分の意見を伝えることができるものである。授業で評価できる点，改善を図ってほしい点を自由に記述し，生徒会がすべてを回収する。

　「意見制」は，ホームルーム活動の時間に行った。生徒会長が全校放送で制度の趣旨を，「意見制は授業改善のために実施するものです。先生方に直接意見を届けよう。しかし，いくら不満があっても，個人を中傷したり，先生方がやる気を無くしてしまうような書き方は避けよう。」と説明して始まった。

　授業後に会議室において，全教師の名前を表書きした封筒に，生徒の意見を書いた用紙を仕分けて入れていくのである。この作業については，生徒会が個人情報を守るという約束の下に，教師はあえて関わらないこととした。仕分けられた「意見」は，翌日，生徒の手により，直接に相手の教師に手渡される。「意見」を読んだ教師は，授業において何らかのアクションを求められる。「君たちの意見はよくわかるので，その方向で改善しよう。」という場合もあるであろうし，「君たちの意見は意見として参考にはするが，自分の授業の方針はこういうものだ，説明しよう。」となることもある。

第9章　愛知県立旭丘高等学校において（2005.4 ～ 2010.3）

　実際の「意見」には，普段から生徒指導でとても厳しく対応し，生徒に嫌われていると思い込んでいた先生が，生徒から，「先生の授業は大変わかりやすく素晴らしい。」と評価され，益々意欲を高めた事例もあった。

　「意見制」はその後2年間継続し，授業に対する生徒・保護者の不満は大幅に減少し，大きな成果を上げた。PTAからも，「授業が良くなった。」という言葉を聞くようになり，校長宛ての授業に関する匿名の苦情手紙もその後は皆無となった。今日，教員評価制度が議論されることが多いが，生徒による評価は，教師にとって極めて強く心に響くものであることを痛感した。

　現在，生徒会は「意見制」実施後のアンケート結果により，「先生方に意見は伝えた。今度は自分たち生徒自身の授業に対する姿勢を向上させよう。」という方針に変わってきている。望ましい方向であると考えている。

　なお，「意見制」導入を最終的に認めるかどうかを議論した職員会議において，教師が生徒に評価されることへの不安や拒否反応も多々あった。しかし，生徒の自主性・自律性を大切にして伸ばしていこうという意見が多数を占め，混乱なく生徒会原案を承認することができた。ここに至るまでの小沼教諭をはじめとする生徒会顧問教師の粘り強い努力には感謝するほかない。

5　生徒の自主性・自律性を生かした学力向上方策

　本校では，伝統的に学習活動と部活動の健全な均衡を大切にし，いわゆる文武両道を標榜してきた。授業後の運動場や体育館は，部活動の練習の熱気で溢れんばかりである。そこで，一日の限られた時間を有効に生かすためには，授業の中で可能な限り内容を理解し必要事項を記憶することが求められる。筆者も，全校集会や職員会議等で，「授業を大切にしよう。」と生徒と教師の双方に訴えてきた。ほとんどの教師は，早めに職員室を出て，チャイムが鳴る前に各教室の前に到着しているようになった。

　しかし，大学受験を目指す3年生にとっては，授業だけでは時間数が不足がちになることも事実である。愛知県内の高校で一般的に行われている学校側（進路指導部）主導の「補習」については，「補い習う」という言葉の響きに対して，本校の教師や生徒は違和感を持っていた。そこで「自主ゼ

111

ミ」という名称の生徒主導の学習会が細々と行われていたが，筆者はこれを活性化させようと考え，賛同してくれる教師と生徒に，機会を見つけては激励していった。筆者自身も毎週月曜日の夕刻，部活動の練習が終わってから，「物理オリンピックに挑戦する同好会」を約10名の生徒とともに立ち上げ，協力して学び合う機会を持った。物理担当の髙﨑教諭の全面的バックアップもあり，その中の一人，安藤孝志君は，2009年7月，物理オリンピック日本代表に選出されてメキシコ大会に参加し，見事に銅メダルを獲得して帰国した。また，メンバーの柴山拓也君は，京都大学理学部へ進学後，学部学生として「ネイチャー」に論文（太陽型恒星のスーパーフレアの発見）が掲載されるという快挙を成し遂げた。彼は京都大学総長賞も受賞し，現在は名大大学院で研究を続けている。

　本校の「自主ゼミ」とは，例えば，「数学のT先生の整数論の講義を80名の生徒が聞きたいと言っています。先生の都合の良い日程を教えてくださ

図9-3　物理オリンピック日本代表の安藤君（朝日新聞，2009.8.14）

い。」と生徒が教師に依頼して行うものであり，謝礼は全く無い。他の教科との時間割調整や教室の割り振りも生徒が行うようになり，他校では進路指導担当教師が作成する「補習時間割」も，最近では生徒がワープロで作成し印刷して配布することができるようになった。

　表9-3は夏季休業期間の作成例である。PTAに依頼して全教室に空調設備を導入できたので，夏季は20日間程度行われるようになった。

　学校主導ではなく，あくまでも生徒主導であるため，出席率も良く，依頼を受けた教師のモチベーションも高い。例えば，日本史では，一人の教師が朝9時から午後5時過ぎまで8時間に及ぶ集中講義を大教室で行うこともある。依頼した生徒たちは，誰一人脱落する者はおらず，最後まで真剣に講義を受けていたことに筆者は感銘を覚えた。

表9-3　生徒が作成した「自主ゼミ」時間割例（3年文系，理科は別日程）

月	7月														8月								
日	18	19	20	21	22	23	24	25	26	27	28	29	30	31	1	2	3	4	5	6	～	27	28
曜日	金	土	日	月	火	水	木	金	土	日	月	火	水	木	金	土	日	月	火	水	～	水	木
午前	終業式		倫理 9:00～11:00ごろ						世界史 9:30～						※未定		古典 9:00～		日本史 9:00～				始業式
午後	16時ごろまで		現代文 13:00～		英語 13:00～14:30ごろ		数学 9:00～										数学 13:00～						

6　愛知スーパーハイスクール研究指定事業（自然科学教育）の推進

　愛知県教育委員会は，2008年度から2010年度までの3年間計画で，教育課程や部活動に特色ある研究計画を持つ学校を募り，重点的に予算を付けて支援する事業を開始した。それを絶好の機会ととらえ，熱意ある理科教員の尽力の下に研究計画を作成し応募した。幸いにして，「愛知スーパーハイスクール研究指定事業（自然科学教育）」に選ばれた。初年度は，名古屋

大学大学院生命農学研究科松田教授，福島教授のご厚意により，遺伝子工学など最先端の実験実習を生徒に対して，名大の実験室において実施していただいた。その成果をもとに，生物担当の西郷教諭の尽力により，授業の中で，ノーベル賞で一躍有名になったオワンクラゲの光る遺伝子を大腸菌に組み込み，大腸菌をシャーレの中で光らせることに成功した。2年目は，スーパーカミオカンデの見学旅行をPTAのM博士の尽力で計画し実施することができた。生徒の感激は大変大きなものであった。

図9-4　スーパーカミオカンデを熱心に見学する本校生徒

　この研究指定事業の最終報告書は，筆者の後任校長の川村則夫先生のもとで，充実した内容となり完成された。

図9-5　大学教授（数学）の講義を熱心に聴講する本校生徒

第9章　愛知県立旭丘高等学校において（2005.4～2010.3）

7　スポーツや芸術の振興による心豊かな生徒の育成

　本校には，19の運動部と15の文化部及び同好会がある。文武両道のもとに県大会はもとよりインターハイや国体などの全国大会で活躍している。水泳部，ボート部，ダンス部，ワンゲル部，囲碁将棋部などは全国大会で上位入賞をしている。

　また，本校には美術科があり，赤瀬川原平氏や田村能里子氏など高名な芸術家を輩出している。校内には美術品が多数あり，芸術的な雰囲気を醸し出している。独立した音楽科はないが，卒業生には作曲家や指揮者などもおり，高等学校としては珍しいオーケストラがある。毎年，ベートーベンの交響曲を定期演奏会で発表している。

　このような豊かな心を育む環境を更に充実させるべく生徒を激励し，2010年3月29日に愛知県芸術劇場コンサートホールを借り切り，生徒たちによるベートーベン交響曲第九番（合唱付き）を公演することができた。弦楽部と吹奏楽部の計77名の生徒たちによるオーケストラに，この演奏会のために結成された「旭丘高等学校第九合唱団」141名（OB・OG等を含む）が加わり，客演として4名の独唱者が花を添えた。指揮・指導は本校音楽担当の熊崎教諭が務めた。満員の聴衆に大きな感動を与えるとともに，出演したすべての生徒に生涯の素晴らしい思い出となるイベントであった。地元の新聞やラジオでは極めて好意的に取り上げてくれた。

　当時，本校普通科には，全日本学生音楽コンクールの優勝者が各学年に1名ずつ在籍していた。ピアノが2名（内匠慧君，務川慧悟君），フルートが1名（垣原美紗樹さん）である。全国優勝者の在籍は，音楽科を有する高校でも難しいことであるが，普通科の進学校としては極めて珍しく貴重なことである。そこで関係者の協力を得て，2010年11月に名古屋市栄にあるクラシック専門のコンサートホール（宗次ホール）において，「鯱光・若い芽のコンサート」を開催することとした。超満員の聴衆を前にして，バッハ，ショパン，ラヴェル，ラフマニノフなどの難曲を見事に弾ききり，専門家からも高い評価を受けることができた。演奏を聴いた生徒からは，「素晴らし

い才能を目の当たりにし，とても幸せだ。」という感想を得た。

　内匠慧君，務川慧悟君は，ともに東京芸大へ進学し，その後，内匠君は，ロンドン王立音楽院で，務川君は，パリ高等音楽院で研鑽を積んでおり，二人ともに日本の若手ホープとして期待されている。

図9-6　ダンス部の演技（技術指導は安井教諭）

図9-7　オーケストラの演奏（弦楽部と吹奏楽部の協力による）
　　　　指揮は顧問の熊崎教諭

第9章　愛知県立旭丘高等学校において（2005.4 ～ 2010.3）

8　学校を全国に開くこと

　筆者は，「開かれた学校」として積極的に学校の良い面を世に問うように心がけた。長年にわたり，大学進学実績を公表してこなかったが，これからは，マスコミ等の問い合わせにも回答するようにした。情報公開の時代の流れの中では，「進学実績の公表は受験競争の激化につながる。」という主張は，もはや理解されにくくなっている。

　学校からできる限り積極的に発信するように努めたため，例えば 2008 年度から 2009 年度にかけて，本校に関する新聞等の報道記事は 37 件に達した。その一部を表 9-4 に示す。

表 9-4　新聞等の報道記事例

- 「ニッポンの名門高校 102　旭丘高校　公立高校進学成績日本一」『別冊宝島』2008.5
- 「銃社会の現実文集に　旭丘高校　昨年の学祭発表に続き」中日新聞，2008.5.26
- 「詩のボクシング即興で KO！　洪美怜（旭丘高校 2 年）」朝日新聞，2008.5.31
- 「『スーパー高校』16 校決まる　旭丘高校，教育課程部門」朝日新聞，2008.6.25
- 「公立高校の底力を知ろう　愛知県の公立高校が強い理由　難関国公立大学合格者数　全国公立トップは旭丘高校」『週刊朝日臨時増刊』2008.7.15
- 「旭丘高校ワンゲル部男子　登山競技でインターハイ初出場」CBCTV，2008.7.31
- 「中高生ウィークリー『将棋　山口真子さん』旭丘高校 3 年」中日新聞，2008.8.18
- 「高等学校 PTA 連合会全国大会で旭丘高校オーケストラ演奏」大会速報，2008.8.23
- 「旭丘高校，文化祭展示　多角度から『沖縄』迫る」沖縄タイムズ，2008.10.21
- 「全日本学生音コン高校ピアノ部門優勝　旭丘高校 1 年内匠慧」毎日新聞，2008.11.29
- 「読書感想画中央コンクール優秀賞　旭丘高校美術科　村松怜那」毎日新聞，2009.2.27
- 「旭丘高校 vs 東海高校」宮島英紀，小峰敦子『名門高校ライバル物語』講談社，2009.3.12
- 「旭丘高校」『月刊高校教育増刊号　高校グラフィティ』学事出版，2009.5
- 「高校女子サッカー県決勝　旭丘高校が準Ｖ」朝日新聞，2009.6.14
- 「物理五輪日本代表に決定　旭丘高校 3 年　安藤孝志さん」中日新聞，2009.6.22

第10章　式辞・折々の記

1　着任ご挨拶

　今春の定期人事異動により，第14代校長として過日着任いたしました。愛知一中，市三高女の伝統を受け継ぎ，創立以来，130年に達しようとしている歴史と伝統ある旭丘高等学校の校長を拝命し，その重責に身の引き締まる思いであります。

　4月1日，38年ぶりに母校の校門をくぐり，新しくなった校舎の教室や廊下を巡りました。伝統を生かした重厚な外観と落ち着いた教室内部を見て，懐かしい旧校舎で学んでいるような感覚に陥りました。美術科を有する県下唯一の公立高等学校に相応しく，卒業生の素晴らしい作品が要所要所に展示されており，豊かな感性を育む環境づくりがなされています。

　重厚で美しい学舎には，「正義を重んぜよ」「運動を愛せよ」「徹底を期せよ」の愛知一中以来の精神的伝統を受け継いでいる魅力的な生徒達が生き生きと活動しています。

　過日行われた離任式では，退職や転出される教師の話に生徒達は真剣に聞き入り，終わりには大きな拍手と横断幕で功績を讃えていました。殊に，本校教育の充実・発展に大きな業績を挙げられました前校長の野々部幸藏先生には拍手のアンコールが自然に沸き上がってきました。

　離任式の最後を応援団のエールで締めましたが，女子生徒が黒の学生服に身を包み，凛々しく叫ぶ旭丘讃歌に，感動の余り目頭が熱くなるのを禁じ得ませんでした。

　真剣勝負の授業の後は，運動場も狭しとばかりに駆けめぐる部活動生徒達のエネルギーで学校は更に活気付きます。土曜・日曜・休日に行われる試合では，時間の経過とともに学び取り強くなっていく姿に，応援していてとても頼もしく楽しいものがあります。

　校歌にもありますように，「時代をつらぬく　真理をもとめて　さかまく波も　越えてはゆかむ」という気概のある，我が国の将来を背負って立つ人

材の育成に，微力ではありますが，全力を傾注してまいる所存でございます。同窓会の皆様の今後とも一層のご指導，ご鞭撻の程よろしくお願いいたします。
　　　　　　　　　　　　　（2005（平成 17）年 7 月 1 日『鯱光』第 575 号）

2　生きることは学ぶこと

　旭丘高等学校に着任して早くも 1 ヵ月余が経ちました。38 年を経て，母校に戻り，生徒諸君の立ち居振る舞いやエネルギーに昔と変わらぬ善きものを感じ，とてもうれしく思うとともに，過ぎし青春の懐かしき想い出が脳裏をよぎります。

　入学式が始まる前の中庭での弦楽器の荘厳な演奏，離任式で恩師に伝えた感謝の心，春の小文化祭での自主的な運営等を通して，生徒諸君の活力があり自己規制のできる活動に勇気を得ています。また，部活動の試合の応援に行き，試合毎に強くなる頼もしさに愛知一中以来の伝統を感じています。

　今，美しくかつ重厚な雰囲気を漂わせる校内を巡るにつけ，校舎改築を始めとする幾多の事業に尽瘁された野々部幸藏前校長先生の卓越した指導力に深く思いをいたさざるを得ません。

　本校はその源を探れば，明治 3 年に開設された名古屋藩の洋学校にまで遡ることができます。その後官立愛知外国語学校を経て明治 32 年愛知第一中学校となり，昭和 23 年から第三高等女学校と統合されて旭丘高等学校となり今日に至っています。昭和 25 年には美術科が設置されて幾多の優れた芸術家を育てています。

　本校で学んだ同窓生は，社会の様々な分野の第一線で活躍していますが，歴史に名を刻んだ著名人も枚挙に暇がありません。明治の文豪坪内逍遥，二葉亭四迷が手に取って学んだ書物が本校の図書館に保存されています。

　本校は，130 年近い歴史の中で次の三つの精神的伝統を築いてきました。「正義を重んぜよ」「運動を愛せよ」「徹底を期せよ」であります。

　生徒諸君には，この精神的伝統の元に，学業に部活動に，充実した日々を送ってほしいと願っています。

　諸君一人一人は，様々な優れた能力を授かっています。この能力は，未だ

原石のままであります。この貴重な原石は，日々の努力によってこそ開花するものです。また，その努力の大部分は基礎的・基本的事項の鍛錬にあります。

大樹が地中に大きく根を張るように，強い横綱は単調な「しこ」や「てっぽう」を欠かしません。優れたピアニストは指の訓練を怠りません。

マラソンの高橋尚子選手は，一日に5時間も走り込みます。大リーグのイチロー選手は自宅にバットの素振りの練習場を設けています。ノーベル化学賞に輝いた名古屋大学の野依良治教授は学生に猛烈な勉強を要求します。

教育の場として，旭丘の最も誇れるところは，得難い友や優れた先輩に恵まれていることです。

フィールズ賞受賞者の数学者広中平祐ハーバード大学名誉教授は，優れた友人や先輩に助けられた米国留学生活の中で「生きることは学ぶことであり，学ぶことには喜びがある」と語っておられます。

旭丘の3年間で，先生方，そして良き先輩からの教えを大切にし，日々の努力によって各自の夢を実現し，歴史を拓く者になってほしいと心から期待しています。　　　　　　（2005（平成17）年6月30日『旭丘時報』第49号）

3　自律と努力

本年度の新学期も，桜花に迎えられて始まり，新緑の鮮やかな時節を経て，いまや梅雨の時となりました。

今年度も，保護者の皆様並びに同窓会の皆様をはじめとする多くの関係者の方々のご理解とご支援を賜りつつ，職員，生徒ともに，愛知一中以来の「正義を重んぜよ　運動を愛せよ　徹底を期せよ」の精神的伝統のもとに，日々切磋琢磨し，教育活動の更なる充実と向上を図ってまいりたいと存じます。

1年生は今年も，5月末から6月上旬にかけて林間学舎集団行動訓練に参加しました。出発式の折，生徒諸君に「旭丘の集団行動訓練の目的は，自主・自律の力を養うことにある」と述べて激励しましたが，一日一日と目的達成の手応えを感じました。HR自主での討論会は，本校らしい深まりを見

第 10 章　式辞・折々の記

せてくれ，キャンプファイヤーの素晴らしい盛り上がりへとつながりました。今年も，自らを律することのできる将来性のある新入生を迎えたことを，うれしく思います。

　さて，今日の我が国は少子高齢化等の幾多の困難な課題に直面しています。将来にわたって繁栄する社会は，本当の意味のエリートを必要とします。真のエリートは普段は役立たないような豊かな教養－哲学，文学，歴史，自然科学，芸術等－を十分に身につけ，正義のためには勇気をもって行動します。

　米国の発明王トーマス・エジソンは，12 歳のときの新聞売り子を始まりとして，電信局の技師などの下積みの時代を経て蓄音機や白熱電球など1300 件以上の特許を取得しました。その彼が，「天才は，1 パーセントの霊感と 99 パーセントの汗である。」という言葉を残しています。彼のように，汗をかくことを喜びと感じる心，汗をかきつづける泥臭い生き方がなければ，社会の発展はありません。

　自動車メーカー・ホンダの創業者である本田宗一郎氏の左手は，指先がハンマーでつぶれ，手のひらには錐が貫通した傷があるといわれています。血のにじむような果てしない努力からこそ，はじめて新しい発想が生まれてくるのです。最初から「ゆとりありき」の中からは何も誕生しません。「ゆとり」は，無限の努力の後に，楽しむものです。

　約 30 年前にエズラ・ボーゲル氏が『ジャパン・アズ・ナンバーワン』という本を出版し，日本でもベストセラーになりました。当時の我が国は，経済大国という言葉に浮かれていました。当時の我が国の有頂天の傲慢さが，その後の長い経済の低迷を生んだと言えるかもしれません。戦後のたゆまぬ努力によって築かれた成果を継続するためには，高慢とは無縁の謙虚さと，ひたむきな努力が必要です。

　幸いにして本校では，我が国の将来を託すことのできる優れた人材を育成する環境が整っています。教科の学習のみにとどまらず，学校行事や部活動をとおして，人間としての総合的な力を高めることができます。このような環境を与えてくださっている PTA や鯱光会の皆様の日頃の御支援に対しまして厚く感謝を申し上げる次第でございます。

心身を鍛えてくれ，友情をはぐくみ感動を与えてくれる部活動の面では，今年も既に，女子サッカー部が県大会で優勝し東海大会への出場を決め，ワンゲル部が登山競技で東海大会・全国大会への出場を決めました。

旭丘漕友会 OB の皆様にドイツ製の新艇をいただいたボート部はダブルスカルで全国大会への切符を手中に収めました。将棋では女子個人戦で 1 年生が県大会で優勝し全国へ駆け上ります。

課外教育活動としては，昨年度も，教養講座や特別講座の講師として本校OB の東京大学大学院の鈴木真二教授や愛知県立芸術大学の加藤伸也教授を始め著名な方々を招いて，最先端の科学技術や芸術の講演をしていただきました。本年度も名古屋大学大学院生命農学研究科の松田幹教授や北川泰雄教授，JICA の松田教男所長を始め，数名の先生方にお越しいただき，生徒に知的刺激を与えていただくとともに各自の進路決定の契機となるよう願っています。

来年は愛知一中・市三高女・旭丘高校創立 130 周年を迎えます。学習活動と特別活動のバランスある両立とその徹底を目指して，生徒の皆さんの一層の活躍を期待したいと思います。

（2006（平成 18）年 6 月 30 日『旭丘時報』第 51 号）

4　鯱光祭を迎えて

本年の「鯱光祭」が，関係の皆様の御支援のもとに，かくも盛大に開催できますことは，旭丘高等学校の職員・生徒にとりまして大変大きな喜びとするところです。

第 61 回となります今年のテーマは「旭限突破―鯱光 Revolution 2009―」です。部活動やクラス・有志で協力し知恵を絞り，徹底した練習や研究を重ねた成果を発表します。一人でも多くの方にご来場いただき，ご高評賜れば幸いです。

大きな事を成しとげるために必要なことは，用意周到な準備です。中国の古典『荘子』に「水の積むや厚からざれば，則ち其の大舟を負うに力無し。」とあります。これは，「水の貯まり方が深くないと，そこに大きな舟を

第10章　式辞・折々の記

浮かべることができない。普通の人が考えつかないような大きな事を成すには，それに相応しい準備を必要とする。人間も同様に十分に学問や修養を積まなければ，重い任務に当たることはできない。」という意味です。生徒の皆さん一人一人の持ち場を努力して深く掘り，豊かな水を蓄えれば，そこにきっと壮大な鯱光祭文化の大舟を浮かべることができることでしょう。そして，この経験が生徒の皆さんのこれからの人生を切り開いていく力の淵源になってほしいと念願しています。

　最後になりましたが，御多忙のところ鯱光祭にお越しいただきました皆様に厚く御礼申し上げますとともに，今後とも旭丘高校に御指導・御支援を賜りますようよろしくお願い申し上げます。　　（2009（平成21）年9月15日）

図 10-1　鯱光祭における討論会の様子

【参考】　2009年の鯱光祭日程表

	9.22（火）	9.23（水）	9.24（木）	9.25（金）	9.26（土）	9.27（日）
午前	前夜祭	体育祭	舞台発表	討論会	文化祭	文化祭
午後	体育祭準備	体育祭	分科会	文化祭準備	文化祭	文化祭・後夜祭

・分科会は，希望する生徒個人またはグループが，一般生徒に対して講義や

123

実演等を行うもので，本年は 31 の分科会が 31 会場で開催され，テーマは，「20 世紀の物理が生んだもの」，「山川の教科書で学ぶ世界史」，「旭丘への数学－複素数平面」，「上から下まで心理学」，「知られざるベートーヴェン」，「面白物理実験講座」などがあった。

・討論会は，全校生徒を 4 つのグループに分け，体育館などの大会場で，各々異なるテーマで討論し，議論を深めるものである。本年のテーマは，「裁判員制度の是非」，「日本の医療」，「日本の平和政策」，「旭丘と私たち－生徒会について」であった。日本の高校生は人前で自分の意見を言うのが苦手であると一般に言われている。しかし，本校では，入学時から様々な機会を通じて，自分の意見を言う機会と場を設けており，社会に出てからリーダーシップを発揮できる素養を育んでいる。

5　入学式校長式辞

やわらかな日差しに，野も山もうるわしく，春の風が花や草木の匂いを運んでくれています。校庭の桜も，枝一杯に花を咲かせています。

本日，御来賓として，PTA 会長・小笠原渓子様にご臨席をいただき，また保護者の皆様の御列席のもとで，平成 20 年度愛知県立旭丘高等学校入学式を挙行できますことは，学校といたしまして，誠に大きな喜びとするところでございます。

さきほど入学を許可いたしました普通科 320 名，美術科 40 名の新入生の皆さん，入学おめでとう。心から歓迎いたします。

また，保護者の皆様方には，大切に育ててこられましたお子様が，晴れて本校に入学されましたことを，心からお喜び申し上げます。

新入生の皆さん，本校への入学という節目が，皆さんにとって大きな飛躍への第一歩となることを期待し，本校の特色と伝統についてお話をしようと思います。

本校はその源を探れば，明治 3 年に開設された名古屋藩の洋学校にまで遡ることができます。その後官立愛知外国語学校を経て明治 10 年に愛知県中学校，明治 32 年愛知第一中学校（通称・愛知一中）となり，昭和 23 年

第 10 章　式辞・折々の記

に名古屋市立第三高等女学校と統合されて今日の旭丘高等学校に至っています。昭和 25 年には美術科が設置されて幾多の優れた芸術家を育てています。

　本校にとりまして，昨年は，創立 130 周年の記念の年でありました。記念行事の一つとして午前中にこの鯱光館でホームカミングデーの催しが行われました。そこで弦楽部と吹奏楽部が 100 名を超える合同オーケストラを編成して，生徒の編曲による校歌のピアノ協奏曲を演奏しましたが，遠方から参集された多くの卒業生から感動して涙がこぼれたなど，大きなお褒めの言葉をいただきました。また式典では，大先輩の国立長寿医療センター総長・大島伸一先生のご講演を聴くことができました。

　ことしは，創立 131 年目となり，再びフレッシュな気持ちで出発するべき年になります。

　本校は，その永い歴史の中で次の三つの精神的伝統を築いてきました。

　　正義を重んぜよ

　　運動を愛せよ

　　徹底を期せよ

であります。

　この精神的伝統のもとに，鍛えられ巣立った同窓生は，社会の様々な分野の第一線で活躍していますが，歴史に名を刻んだ著名人も極めて多数です。古くは，明治の文豪　坪内逍遥，二葉亭四迷がいます。彼らが手に取って学んだ書物が今でも本校の図書館に保存されています。戦前，総理大臣を務め普通選挙法を成立させた加藤高明氏，戦後では，ソニーの創業者の盛田昭夫氏，トヨタ自動車会長の豊田英二氏，同窓会長で中日新聞社最高顧問・横綱審議会委員の大島宏彦氏など政・財・官界の指導的立場の方々を輩出し，学術・芸術分野では，文化勲章受章者でノーベル医学生理学賞候補者の伊藤正雄・東大医学部名誉教授や洋画家の伊藤廉・東京芸術大学名誉教授など，枚挙に暇がありません。

　本校は，文武両道の学校であります。

　学校の教育目標は，真理と正義を愛し，自主・自律の精神に充ちた心豊かな生徒の育成を期し，高等学校としての全人的完成教育を行うことでありま

125

す。卒業までには，精神的にたくましいリーダーシップの発揮できる若者に育てます。

　学業に成果を上げることはもとより，生徒会活動や部活動も大変活発です。県大会出場や全国大会であるインターハイや国体に選手を多数送り出しています。

　このような活気に満ちた本校で，3年間，学業に部活動に，充実した日々を送ってほしいと願っています。

　本校は，生徒の自主性を重んじるという伝統があります。学校の規則は，他校に比べて極めてシンプルです。身だしなみも高校生らしい華美に走らないものであれば，普段は私服も容認しています。それだけに，諸君の責任は重大です。自由には，自らを律する精神力と自己責任が要求されます。流行を無批判に追うようになったら，本校の良き伝統が崩壊します。

　さて，皆さん一人一人が授かった様々な能力・個性は，日々の「努力」によってこそ開花するものであります。また，その努力の大部分は基礎的・基本的事項の練習にあります。大樹が地中に大きな根を張るように，優れたピアニストは指の基礎訓練を常に欠かさず，独創的な科学者は幅広く知識を求めます。強い横綱は単調な「しこ」や「てっぽう」を怠りません。

図 10-2　入学式，生徒代表宣誓

126

第10章　式辞・折々の記

　世阿弥の著した能楽論『風姿花伝』には、「物数を尽くし、工夫を極めて後、花の失せぬところをば知るべし」とあります。芸の鍛錬をし尽くし、能の技術の数々を極め尽くした後に、はじめて個性的で独創的な芸が生まれることを説いているのです。

　これからの3年間、先生方、そして良き先輩からの教えを大切にし、日々の努力によって各自の夢を実現してほしいと期待しています。本校への入学は皆さんの目的ではなく、新たな成長へのステップなのです。

　保護者の皆様に重ねてお祝いを申し上げます。

　本校の先生方は、教科指導はもとより部活動指導においても熱心な先生ばかりであります。生徒諸君の成長のために全力を尽くす所存でございます。

　生徒諸君の心身共に調和のとれた成長・発展を期するためには、ご家庭と学校が、連携し協力することが大切であると存じます。その意味におきまして、今後、ご支援ご協力を賜ることも多々あると存じますが、どうぞ宜しくお願いいたします。

　終わりに臨み、本日、ご臨席賜りました皆様方のご多幸を心からお祈りいたしまして式辞といたします。

（2008（平成20）年4月7日。原文は縦書き、数字はすべて漢数字。以下、式辞等は同様。）

6　卒業式校長式辞

　本日、ここに、愛知県立旭丘高等学校平成20年度卒業証書授与式を挙行できますことは、学校といたしまして、誠に大きな喜びであります。

　きょうの佳き日に、普通科325名、美術科40名、合わせて365名の卒業生の旅立ちを見送るためにご多用の中をご臨席賜りました学校評議員の水野隆志様、向山真由美様、PTA会長の鈴木良明様をはじめ多数のPTAの皆様に心から厚く御礼申し上げます。

　また、保護者の皆様には、きょうの晴れの日に列席せられ、感慨ひとしおのことと拝察申し上げ、心からお喜び申し上げます。

　卒業生の皆さん、おめでとう。

３年前の繚乱の春，桜の花吹雪に祝福されて本校の校門をくぐった皆さんが，充実した研鑽の月日を経て立派に成長し，本日，ご参会の皆様や恩師，在校生の温かい祝福に包まれて，晴れてこの学舎を巣立つことになりました。

　これからの人生航路に幸多きことを祈りたいと思います。

　顧みれば，皆さんが在籍したこの期間は，政治・経済における世界規模の激しい変動の時代でありました。こうした中で皆さんは，日々の授業はもとより，愛知スーパーハイスクール研究指定事業等により招聘した大学教授による自然科学の最先端の講義を受け，激動する世界と我が国の政治・経済，地理・歴史や文学を学び国際協力の在り方にも啓発されました。

　学校行事では，鯱光祭の印象がひときわ輝いています。前夜祭から始まり，舞台発表や分科会・討論会，体育祭と盛り上がり，文化祭で最高潮に達しました。生徒会のリーダーシップのもとに，３年生が先頭に立って，友と協力して一つのことを成し遂げる喜びを学び，全国に誇り得る学校祭に仕上げました。

　部活動では汗を流して友情を深めました。皆さんの活躍は，地区大会，県大会，インターハイや国体へ，また高文連の全国大会へとつながりました。これらの体験はこれからの人生にとって貴重な財産となり，後輩へのかけがえのない贈り物になると信じています。

　昨年度に挙行されました本校創立130周年の記念行事において，生徒の皆さんが創案した「鯱光（ひかり）あふれる明日（あした）へ」という標語のもとに，ホームカミングデーの催しが学校で行われましたが，出演や諸係など，その中核を担ったのがいまここにいる卒業生の皆さんでした。

　オーケストラでの校歌の演奏（生徒による編曲）をはじめとして，弦楽部，吹奏楽部，ダンス部，応援団がそれぞれ工夫を凝らした「音と舞の競演」を繰り広げました。この感動の体験は，これからの永い人生に大きな力となって生きてくると信じています。

　新しい人生の旅立ちに当たり，皆さんへの期待をこめて二つの事について述べたいと思います。

　第一は，道を切り開く努力についてです。

第 10 章　式辞・折々の記

　アメリカ合衆国の新大統領オバマ氏の就任演説の一節に，次のような内容があります。「我々の国の偉大さを再確認するとき，我々は，偉大さが決して与えられたものではないことに気づく。それは勝ち取らなければならないのだ。我々の旅は，近道でも安易なものでもなかった。我々の旅には，仕事より娯楽を好み，富と名声の喜びだけを望むような，臆病者のための道筋はなかった。むしろ，我々の旅は，危機に立ち向かう者，仕事をする者，創造をしようとする者のためのものだ。それらの人々は，著名な人たちというより，しばしば，無名の働く男女で，長い，でこぼこした道を繁栄と自由を目指し，我々を導いてきた人々だ。」

　一世紀前の我が国は，福沢諭吉をはじめ，次々と偉大な先覚者を生み出しました。皆さんも旭丘で学んだ調和あるリーダーとしての資質に更に磨きをかけて，この経済危機にある日本を，また世界を明るく元気なものにする，道を切り開くリーダーとして飛躍することを期待しています。

　第二は，感謝の気持ちの大切さです。この世に命があるということは，奇跡以外の何ものでもありません。すべてのものは分解すれば陽子や中性子，電子などの素粒子になります。そこには命のかけらも認められません。しかし，素粒子が組み合わさって原子となり，分子となり，さらに高度な遺伝子をもつに至り，はじめて命となるのです。

　仏陀の言葉に「人として生を受くるは，難く，やがて死すべき身の，今命あるは有り難し」とあります。

　今日この日を迎えたのは，君たち一人一人の力だけではありません。家族，先生，友人，その他多くの人たちの温かい気持ちと支援のおかげであります。これからの長い人生の中でも様々な人たちとかかわり，有形・無形の恩恵を受けて成長していくのです。

　愛知一中以来の精神的伝統である「正義を重んぜよ　運動を愛せよ　徹底を期せよ」のもとに学んだ同窓の絆が皆さんを生涯にわたって元気づけてくれると信じています。

　いよいよ旅立ちであります。

　卒業生365名の皆さんの前途を心から祝福したいと思います。あわせて，

ご参会の皆様方のご健康とご発展をお祈りいたしまして式辞といたします。

（2009（平成21）年3月2日，旭丘高校全日制課程）

7　卒業を祝して

卒業生諸君，卒業おめでとう。

野や山に草木の芽吹く春に本校に入学した皆さんが，3年または4年の充実した鍛練の月日を経て，立派に成長し，本日，恩師，在校生の温かい眼差しと祝福に包まれて晴れてこの学舎を巣立つことになりました。これからの永き人生に幸多きことを祈りたいと思います。

本年度は，本校創立130周年の記念の年に当たります。この記念の年に，新しい人生に旅立つ皆さんへ，期待をこめて二つの事について述べたいと思います。

第一は，正直に生きるということの大切さです。

約半世紀前に世を去った，「密林の聖者」と讃えられたシュバイツァー博士は，21歳のときに人生の志を立てました。「30歳までは，学問と芸術に生き，30歳を超えたら人のために尽くす」というものです。彼は，その決意の通り，30歳までに，哲学博士と神学博士の学位を得，バッハ研究の第一人者にして優れたオルガン奏者となりました。

その後の人生は人間への奉仕に我が身を捧げると決心したとおり，医学博士号を取得して38歳でアフリカのランバレネにおもむき，看護師の妻とともに病院建設と医療に専念しました。あらゆる障害を排し，志を遂げたのであります。その生き方に多くの若者が感動しました。君たちも確かな志を抱いて，この日本を，また世界を明るく元気なものにしてほしいと願っています。

第二は，目標を持ち続けてほしいということです。

病に倒れたオシムさんに代わり，サッカーの日本代表監督として指揮をとることになった岡田武史さんは，「目標は簡単に手にはいってもいけないし，不可能であってもいけない。」と語っておられます。かつてフランスで開催されたワールドカップに参戦し，冷静で緻密な采配をふるった岡田監督は，世界の厚い壁に跳ね返され，一勝もできずに帰国しましたが，監督としての

第10章　式辞・折々の記

評価はかえって高まりました。希望を持ち続け，自分自身に少し高めの目標を設定し，一生懸命努力してその目標を達成することが大切なのです。人生の成功を決定するのは，希望の力なのです。

　本校の校歌の作詞者，久松潜一氏は本校卒業生で高名な国文学者であります。歌詞の随所に勇気づけられる言葉が見られます。

　　　東海の山なみ　はろばろ見つつ　旭ヶ丘に学べるわれら
　　　時代（ときよ）をつらぬく　真理（みち）をもとめて　さかまく波も　越えてはゆかむ
　　　明（あき）らけく清き　日月のごとく　智慧にすみ　情に徹り
　　　ひたぶるにただ　学（がく）に生くるぞ　民主の世きづく　いしずゑならむ
　　　繚乱の春は　はるかなりとも　身をきたえ　心を高め
　　　風雪をしのぎ　やまず進まば　文化の花さく　未来はひらけむ

生涯にわたって努力し学び続け，いつまでも旭丘高校校歌を心の支えとして成長してほしいと願うものであります。

　　　（2008（平成20）年3月1日，旭丘高校定時制課程の卒業記念文集巻頭言）

8　新卒業生の前途を祝して

　本年3月に旭丘高校を卒業する生徒の皆さん，卒業おめでとう。心から祝福します。

　私もこの3月末で本校の9名の教職員とともに定年となります。本校に勤務できた5年間の想い出は余りにも数多く，すべてが宝物です。その中から幾つか挙げてみたいと思います。

　まずは，2年前の鯱光創立130周年記念行事です。ホームカミングデーという在校生か卒業生を学校へ迎えて歓待するという趣旨の行事です。大学では，しばしば行われていますが，高校では珍しいことです。その行事を「音と舞の競演」として，生徒会や各部活動が積極的に演出してくれました。在校生が校歌をオーケストラのために編曲してくれ，鯱光館のステージを100名の生徒による大編成管弦楽団で埋め尽くし，フロアのOB・OGに大きな感動を呼びました。先輩を慕う後輩の思いが私の胸を熱くさせました。

　また，昨年度から始まった「愛知スーパーハイスクール研究指定（自然科

学教育部門）」では，第一線で活躍している多くの卒業生やPTAのお力添えにより，想定以上の成果を上げつつあります。数学や物理などのオリンピック参加での優れた実績のみならず，スーパーカミオカンデ見学時などにおける生徒の熱心な質問の様子は印象的でした。

全国にも通じる各部活動の活躍はもとより，絵画，ピアノ演奏，作詩・朗読，囲碁将棋など全国一位を競うような多彩な才能をも発揮してくれました。

アメリカやドイツからの留学生を迎えたときに生徒達が表す温かい歓迎の心にも胸を打たれました。

さて今日の我が国の社会に目を向けると，課題は山積しています。本校の生徒達が将来の日本を背負うであろうことを念頭に，三つの問題提起をしてみたいと思います。

第一は，ものと心の調和についてです。

戦後に導入された自由と民主主義のうち，特に自由については，社会全体として熟成がまだ不十分です。自由にはそれを享受するための重い責任が伴うことを人々は十分に認識していない面があります。自由の名のもとに私的利益，物的満足のみを追求し，純粋な青年の心を平気で蝕む者たちがいます。

第二は，個人と集団の調和についてです。

行き過ぎた個人主義は，何をやっても個人の勝手，他人に迷惑をかけないならば構わないという風潮を生み出します。今日の社会全体の規範意識に関する状況と無縁ではないと思われます。

第三は，進歩と伝統の調和についてです。

教育は，過去から未来へ向けての文化の伝承です。学校とは，基礎・基本をしっかりと鍛錬する場です。創造性は，伝統をしっかり学んだ上で発揮されるものです。

世阿弥の能楽論『風姿花伝』には，「上手は下手の手本，下手は上手の手本なり，と工夫すべし。」とあります。人の欠点を見てさえ自分の手本になる，まして良いところを見つけて学ぶことの効果は絶大であるということを説き，稽古の重要性を指摘しています。

末筆となりましたが，鯱光会の皆様の御多幸をお祈り申し上げますとと

第 10 章　式辞・折々の記

に，学校に対します日ごろの温かい御支援に心から厚く感謝申し上げます。

（2010（平成22）年3月1日『鯱光』第603号）

9　創立130周年記念式典・御礼のことば

　菊花香る佳き日に，鯱光会のご主催により，愛知県立旭丘高等学校創立130周年記念式典が挙行されますことは，学校といたしまして誠に慶ばしく，心から厚く御礼申し上げます。午前中に学校で行われました「ホームカミングデー」の催しには，多数の同窓の皆様が訪問くださり，多くの歴史的展示物や生徒による「音と舞の競演」を楽しんでくださいました。重ねて御礼申し上げます。

　鯱光会は，愛知県第一中学校，名古屋市立第三高等女学校，愛知県立旭丘高等学校の卒業生が，心を一つにして創り上げられた同窓会であります。本会員の皆様が既に歴史に残る大きな業績を打ち立てておられますことは周知のことであり，更に今日，社会の各界各層で幅広く活躍しておられますことは，在校生にとりまして大きな誇りであります。

　その鯱光会からは，学問や部活動に精進する生徒に対しまして，日ごろから物心両面で温かい激励やご支援をいただいております。更に本日は，図書館の新しい蔵書管理システム一式をご恵贈賜り，誠に有り難く深く感謝申し上げます。本校の図書館には明治時代からの貴重な文献・図書が六万数千冊余も保管されており，コンピュータとバーコード識別による新蔵書管理システムの導入は，生徒・職員にとり大変有り難く，大切に利用させていただきたく存じます。

　さて，戦前・戦後の時代の荒波を受ける中で，古き良き伝統を大切に受け継いでいくことは今日極めて大切なことと存じます。愛知一中の校訓「正義を重んぜよ　運動を愛せよ　徹底を期せよ」，市三高女の校訓「よく思考しよく鍛錬するの外修学の法なしと心得べし」の精神を併せて受け継ぎ，「真理と正義を愛し，自主・自律の精神に充ちた心豊かな生徒の育成」を期す本校教育に託された期待には，大変重いものがあると存じます。

　平成14年竣工の新校舎のもとに，新たな歴史を創造すべく，教職員一同

さらに一層心をあわせ、学問に運動にと精一杯励む生徒たちの薫育に励んでまいる所存でございます。

古詩に「人情旧郷を懐い、客鳥は故林を思う」と詠われています。鯱光会の皆様には、本校に対しまして末永くご厚情を賜りますようお願い申し上げます。

終わりに臨み、県・市御当局、県教育委員会、県内各中学校、高等学校並びに本校PTAの皆様の日頃のご支援に、衷心より感謝申し上げますととも

図10-3　校舎の玄関ホールにて、同窓の先輩達を生演奏で迎える弦楽部生徒

図10-4　本校生徒によるオーケストラ演奏・生徒が校歌をピアノ協奏曲に編曲
　　　　（編曲者の鈴木歌穂さんは、その後、東京芸大作曲科へ進学）

第 10 章　式辞・折々の記

に，本日ご臨席の皆様のご健勝とご発展を祈念申し上げまして，御礼のこと
ばといたします。　　　　　　　　　　　（2007（平成 19）年 11 月 10 日）

○ホームカミングデー校長挨拶（創立 130 周年記念式典当日の朝）

　皆様，おはようございます。鯱光 130 周年記念事業の一環でありますホー
ムカミングデーに，ようこそお越しくださいました。学校といたしまして，
心から歓迎いたします。

　これまで，鯱光会の余語事務局長様やホームカミングデーの小川委員長様
をはじめ関係の皆様が何度も学校を訪ねてくださり，打ち合わせや準備がす
すめられました。

　生徒たちも，今日のために，ホームカミングデー実行委員会を立ち上げ，
教職員と力を合わせて準備を進めてくれました。「音と舞の競演」として鯱
光館で演技をする弦楽部，吹奏楽部，ダンス部，応援団はとりわけ練習に励
んでまいりました。また，裏方として，ラグビー部をはじめ運動部の多くの
男子生徒が手伝ってくれています。

　このような催しは，学校といたしましても初めての試みであります。鯱光
会の皆様に失礼なことのないよう準備を進めたつもりでありますが，何かと
不行き届きな点もあろうかと存じます。どうぞ，ご寛容のほどお願い申し上
げます。

　外観に旧校舎の面影を残した新しい校舎も竣工から 6 年を経過しました。
ご来校の皆様がこの新しい校舎で旧交を温めつつ最後までお楽しみいただけ
ましたら幸いでございます。　　　　　　（2007（平成 19）年 11 月 10 日）

○鯱光美術展　校長挨拶

　菊花香る佳き日に，鯱光会のご主催により，愛知一中・市三高女・旭丘高
校創立 130 周年記念行事の一環として，鯱光美術展が華やかに開催されま
すことは，学校といたしまして誠に慶ばしく，関係の皆様のご尽力に心から
厚く御礼申し上げる次第でございます。

　本校には，昭和 25 年に美術科が設置され，幾多の優れた芸術家を生み出

135

してまいりました。また，先立って愛知一中時代から，東京芸術大学名誉教授の伊藤廉先生をはじめ，偉大な先達が活躍してこられました。

こうした芸術を愛し育てる雰囲気に充ちた本校同窓生の皆様が，絵画，陶芸，書道などの作品を持ち寄って一同に会し，作品を世に問うとともに，旧交を温める良い機会となりますことを念願いたす次第でございます。

最後になりましたが，関係の皆様のご労苦にあらためて深く感謝申し上げますとともに，今月 11 日までの 6 日間が充実した日々となりますよう祈念申し上げ，ご挨拶といたします。　　　　　（2007（平成 19）年 11 月 6 日）

10　野球部史刊行を祝して

愛知一中・旭丘高校野球倶楽部の皆様が，このたび野球部史を刊行される運びとなりました。まことにおめでたく，心からお祝い申し上げます。

本年度は，愛知一中・旭丘高校の創立 130 周年の記念の年に当たり，去る 11 月 10 日には盛大に記念行事が挙行されたところであります。

野球が米国から我が国に導入されたのは，明治 6 年であり，その 4 年後に愛知県中学校として本校が創立されています。我が国の高等学校（当時の旧制中学）に野球部が創設されたのは，明治 26 年の秋であり，愛知一中が最初であると承っております。

その後，野球は単に勝敗にこだわるのではなく，青少年の心身を鍛えるスポーツとして我が国の学校教育に根付いていくこととなりました。勝利至上主義のアメリカの野球と，心身鍛錬のスポーツとしての高校野球とは，似て非なるものといえるのかもしれません。

高校野球では，技量とともに，マナーが重視され，ルールを守ることの大切さを学び，生徒たちが自らを鍛え，豊かな人間性を身につけていくことが期待されています。真夏の炎天下で歯を食いしばって白球を追う真剣な姿など，応援するものを魅了してやまない国民的なスポーツとなっています。

本校野球部の長い歴史の中では，愛知一中の春・夏合わせて 12 回に及ぶ全国大会への出場，そして大正 6 年には全国制覇という輝かしい実績があります。

第 10 章　式辞・折々の記

　本校は，公立高校として全国でも屈指の進学実績をあげています。それに加えて，部活動も大変活発で，すばらしい成果を上げています。野球部も監督の指導のもとに，選手たちが一生懸命練習に励んでいます。しかしながら，今日の私学による野球特待生など，都市部の公立高校野球部をめぐる状況は決して容易なものではありません。専用グラウンドがあるわけでもありません。外野ノックができるわけでもありません。そんな中で，野球部員たちが毎日真剣に黙々と練習に取り組んでいる姿には，感動を禁じ得ません。

　今春の選抜高校野球には，10 年ぶりに公立高校である成章高校が 21 世紀枠で出場します。私は愛知県高野連会長として，甲子園に応援に出かけますが，同じ公立進学校として本校野球部にも良い刺激になると思います。

　最後になりましたが，OB 会の皆様からの日頃の物心両面にわたる御支援に対しまして，厚く感謝申し上げますとともに，本校野球部のますますの充実・発展と会員の皆様の御健勝，御多幸を祈念申し上げ，お祝いの言葉といたします。　　　　　　　　　　　　（2008（平成 20）年 3 月，旭丘高校野球部）

11　ラグビー部 60 周年記念誌　発刊に寄せて

　ラグビー部が創部 60 周年を迎えられますことを心からお祝い申し上げます。

　今年は戦後 60 年に当たる年であり，様々な催しが企画されています。愛知一中有志の方が中心となり企画された演劇「『回天の夏』平和への旅立ち」もその中の大きな一つであります。ラグビー部は終戦まもなく創部されたものであり，戦後の我が国の発展と軌を一にして充実してきた大変伝統のある部であると承知しております。

　私は，昭和 43 年に 20 期生として本校を卒業した者でありますが，保健体育の授業では，ラグビー部の顧問をしておられた浅井溢夫先生に教えていただき，その情熱溢れる御指導に感銘を受けた一人であります。当時私は化学部に所属していましたが，一階の化学実験室で薬品を調合しながら，運動場を所狭しとばかりに駆けめぐるラグビー部員の雄々しい姿に元気をもらっていたものであります。

137

ラグビーというスポーツは，一つの楕円体のボールをめぐる集団格闘技であると認識しています。しかも，極めて知的で紳士的な格闘技であります。反則は許されません。審判の判定は絶対であります。また，チームプレイに徹する協調性がなければ勝てません。気力・体力・知力と協調性という人間としての総合力が問われるスポーツであります。本校ラグビー部OBの皆様が優れた社会人として高く評価され，それぞれの分野で指導的な立場に立ち，御活躍されておられるのも，母校グランドでの厳しい練習を通して身につけられた卓越した人間力が花開かれたものと拝察し敬意を表する次第であります。

今後とも，OBの皆様の一層の御活躍と御健勝を祈念申し上げますとともに，母校ラグビー部に対しまして，変わらぬ御支援を引き続き賜りますようお願い申し上げます。　　　　（2005（平成17）年12月，旭丘高校ラグビー部）

12　漕友会会報に寄せて

「天空海闊」

漕友会の皆様には，旭丘高校ボート部の活動に対しまして，日頃から物心両面にわたり温かい御支援を賜り，厚く御礼申し上げます。

本年度は，5月にドイツ製の最新鋭舵手付きクォドルプル「鯱光Ⅲ」を御恵贈賜りました。現役生徒にとりましてこの上ないプレゼントをいただき，ますます意気が上がり，大変ありがたく深く感謝申し上げます。

9月初旬には，旧制一中時代からの好敵手，三重県立津高校との対抗レガッタが関係の皆様の御尽力により5年ぶりに復活し，三重県奥伊勢湖で熱戦が繰り広げられました。今夏の多量の雨水による流木に悩まされましたが，OBの皆様と現役生とが名誉をかけてぶつかりあい，さわやかな汗を流されました。

9月下旬には，OB有志の皆様が，ボート競技発祥の地・ロンドンのテムズ川で「エイト」を漕ぐという長年の夢を実現されました。生涯現役を目指されるその心意気は，現役生に大きな勇気を与えてくださいました。

現役生も山田・小嶋両君の高校総体や国体出場をはじめ，多くの選手が

様々な大会で健闘いたしました。

　中国の唐代の詩の一節に「大海魚の躍るに従い，天空鳥の飛ぶに任す」とあります。現役のボート部の諸君には，この詩のように大きな気持ちで，より高い目標に向かって日々精進されることを期待します。

　本校ボート部のこれまでの歴史は，漕友会の皆様の御支援の賜であり，重ねて厚く御礼申し上げますとともに，漕友会の今後一層の御発展と会員の皆様の御多幸を心から祈念申し上げ御挨拶といたします。

（2007（平成 19）年 2 月 17 日，旭丘高校ボート部）

図 10-5　ボート部の試合風景（愛知池）

13　吹奏楽部第 109 回定期演奏会「クリスマスコンサート」に寄せて

　師走に入り急に寒くなり，街はすっかり冬の衣装をまとっています。夜のとばりが降りるとともにあちこちのイルミネーションがクリスマスの間近なことを知らせてくれます。

　今年も，旭丘高等学校吹奏楽部『第 109 回定期演奏会・クリスマスコンサート』を開催することとなりました。日ごろから温かいご支援・ご指導をいただき厚く感謝申し上げますとともに，お忙しい中をここアートピアホー

ルにお越しいただきました皆様に心から御礼申し上げます。

　今年は，本校創立 130 周年の記念すべき年に当たります。去る 11 月 10 日午前にはホームカミングデーの催しとして，鯱光館において，素晴らしい演奏を披露してくれました。

　本校生徒諸君は，恵まれた教育環境のもとに，愛知一中以来の「徹底を期せよ」の精神を受け継ぎ，努力を重ね，各自の才能を磨いています。吹奏楽部員も，多くの先輩によって培われてきた伝統に自らの工夫をこらし，毎日の練習に励んできました。

　本校吹奏楽部は，生徒主体で運営し，コンクールでも指揮者は生徒です。校内の文化祭等に積極的に参加するのみならず，他校との交歓会を企画し交流を図るなど活発に活動しています。

　「吹奏楽は団体で一つ。一人ではできない。皆で心を一つにして頑張っています。」という部員の言葉に，心意気を感じています。

　今宵は，1 年生 15 人，2 年生 18 人の部員達が心を込めて演奏します。集中した練習の成果があらわれ，きっと大きな感動を呼び，素晴らしいコンサートになるものと期待しています。

（2007（平成 19）年 12 月 17 日，旭丘高校吹奏楽部）

14　弦楽部第 8 回定期演奏会を祝して

　万葉集に『新しき　年の始の　初春の　今日降る雪の　いや重け吉事』という有名な歌があります。すべてがフレッシュな新しい年の幕開けとともに，今年も，旭丘高等学校弦楽部の定期演奏会を開催することとなりました。

　本校弦楽部に対しましては，日ごろから温かいご支援・ご指導をいただいておりますことを厚く感謝申し上げますとともに，お忙しい中をナディアパーク内名古屋市青少年文化センターのアートピアホールにお越しいただきました皆様に心から御礼申し上げます。

　本校生徒諸君は，恵まれた教育環境のもとに，愛知一中以来の「徹底を期せよ」の精神を受け継ぎ，努力を重ね，各自の才能を磨いています。弦楽部員も，多くの先輩によって培われてきた伝統に自らの工夫をこらし，毎日の

第 10 章　式辞・折々の記

練習に励んできました。特に今年は，本校の創立 130 周年の記念の年に当たります。

今回は，本校吹奏楽部有志の応援を得て，ベートーベンの交響曲第 6 番「田園」という難しい大曲に挑戦します。

1・2 年生の計 60 名の部員達（3 年生を含めると総勢 80 名）が第 30 回全国高等学校総合文化祭や平成 18 年度愛知県高等学校総合文化祭（アートフェスタ）などの大会で高い評価を得た優れた演奏技術を基礎に，心を込めて演奏します。

一つの楽器だけでは成り立たない合奏の素晴らしさを誠心誠意訴えたいという生徒の熱意を，感じ取っていただければ幸いです。集中した練習の成果があらわれ，大きな感動を呼ぶ素晴らしいコンサートになるよう心から期待しています。　　　　　　（2007（平成 19）年 1 月 26 日，旭丘高校弦楽部）

15　『愛知の高校野球全記録』連盟史発刊に当たって

愛知県高等学校野球連盟にとりまして，長年の夢でありました連盟史がようやく発刊の運びとなりました。これまで御支援を賜りました愛知県並びに教育委員会をはじめ多くの関係の皆様方のお蔭と存じ，深甚なる感謝の意を表する次第であります。

野球が米国から我が国に導入されたのは，明治 6 年のことであり，その 4 年後に愛知県中学校が創立されています。我が国の高等学校（当時の旧制中学）に野球部が創設されたのは，明治 26 年の秋であり，愛知一中が最初であると承っております。

その後，野球は単に勝敗にこだわるのではなく，青少年の心身を鍛えるスポーツとしてわが国の学校教育に根付いていくことになりました。勝利至上主義のアメリカの野球と心身鍛錬のスポーツとしての高校野球とは，似て非なるものと言えるのかも知れません。

高校野球では，技量とともに，マナーが重視され，ルールを守ることの大切さを学び，生徒たちが自らを鍛え，豊かな人間性を身に付けていくことが期待されています。今日では，真夏の炎天下で歯を食いしばって白球を追う

141

真剣な姿など，応援する者を魅了してやまない国民的なスポーツとしてしっかり定着しています。

本県高校野球は，その長い歴史の中で，夏の選手権大会7回，春の選抜大会10回の全国制覇という輝かしい実績があります。「野球王国・愛知」と呼ばれるに相応しい実績であります。

平成19年暮れから新春にかけて，本県選抜チームが米国ロサンゼルスへ遠征し大きな成果を挙げました。今春の選抜高校野球には，中京大中京高校と21世紀枠の成章高校が出場し活躍しました。今夏の選手権大会には，東愛知から大府高校，西愛知から東邦高校が出場し甲子園を大いに沸かせました。これからも，本県高校野球がますます栄えることを心から念願するものであります。

最後になりましたが，愛知県高等学校野球の充実発展に粉骨砕身御尽力くださいましたすべての高校野球関係者の皆様に対しまして，厚く感謝申し上げますとともに，本県高校野球の一層の隆盛を目指して，県高野連一同心を新たにして精いっぱいの努力を重ねてまいりますことをお誓いし，発刊の御挨拶といたします。（愛知県高等学校野球連盟会長，2008（平成20）年12月）

図10-6　高校野球夏の甲子園大会の優勝旗と筆者
（2009年の第91回夏の甲子園大会において中京大学中京高校が全国優勝し，1966年以来43年ぶりに優勝旗が愛知県へ）

第 10 章 式辞・折々の記

16 美術教育研究全国大会・愛知大会誌あいさつ

このたび，ここ愛知県・名古屋の地で，第 60 回造形表現・図画工作・美術教育研究全国大会，第 47 回愛知県造形教育研究大会並びに第 49 回名古屋市造形研究発表会が，盛大に開催できますことは，主催者として誠に大きな喜びであります。

全国からご参加いただきました会員の皆様，ご指導・ご支援くださいました文部科学省，愛知県教育委員会・名古屋市教育委員会をはじめ関係の皆様に厚く感謝申し上げます。

本大会では，これからの造形教育の充実発展を期して，「生きる力の根っこをはぐくむ」という大会テーマを掲げました。

昨年から本年にかけて，新しい学習指導要領が告示されましたが，その柱となるのは，「生きる力」をはぐくむことであります。この「生きる力」は，zest for living と英訳されています。「力」を power ではなく，zest と訳したところに深い意味があるように思います。zest は辞書によれば，「強い興味，大きな喜び」であります。「生きる力」とは，生きる喜びのことであるのです。

新指導要領には，「感性を働かせながら，つくりだす喜びを味わう」「美術の創造活動の喜びを味わい（中略）感性を豊かにし」という語句が目標に加わっています。まさに「zest for living」の「根っこ」の部分をはぐくむ中核教科が造形教育であると言っても過言ではないと思います。

これからの社会において，子どもたちに必要となるのは，いかに社会が変化しようと，自分で課題を見つけ，自ら学び，自ら考え，主体的に判断・行動し，よりよく問題を解決する資質や能力であり，また，他人とともに協調し，他人を思いやる心や感動する心など豊かな人間性であります。

「生きる力」の「根っこ」の部分である豊かな人間性の育成に造形教育の果たす役割は，これからますます大きくなっていくと思われます。

本大会の各会場において，幼・小・中・高の工夫を凝らした授業実践発表や熱のこもった研究協議が展開されますことを期待し，全国の造形教育がま

143

すます発展することを祈念して，ごあいさつといたします。

（愛知大会実行委員長，2009（平成 21）年 11 月 18 日）

17　知・徳・体の調和と鍛錬

　次の学習指導要領の検討がなされている。その情報が新聞などでしばしば報じられるようになった。（平成 20 年 1 月時点）

　戦後の学習指導要領の改訂は，「試案」の時代を含めると 8 回に及んでいる。戦後間もない「試案」の時代では，問題解決学習が重視された。生徒自身に問題を発見させ，これを自らの努力によって解決させることを重んじたのである。今日の総合学習と同様に，理念そのものが間違っていたわけではないのであるが，教師が知識の詰め込みを恐れるあまり，児童生徒の深刻な学力低下を生じさせ，当時大いに社会問題となった。

　この反省とスプートニク・ショックという外的要因もあり，昭和 31 年から，系統的な知識獲得を重視し教養の偏りを少なくするため，必修科目を多くすることを主眼とした学習指導要領が，学年進行で施行された。当時の高校進学率は 51％程度であった。昭和 35 年の最初の官報告示指導要領でも同じ考え方が踏襲された。そして次の改訂が施行される昭和 48 年まで続いた。そのころには高校進学率は 80％を超えるに至っていた。

　その後の 4 回にわたる改訂は，すべて必修教科科目や授業時間数の削減，卒業に必要な単位数の縮小であった。「ゆとりある教育」が声高に叫ばれるとともに，児童生徒の知識量や考える力の低下，更には体力の衰えや規範意識の低下が問題視されるようになり，現在に至っている。

　「ゆとり」とは，時間的・精神的なゆとりもなく必死になって努力した，その結果として初めて享受できる性質のものである。甲子園出場を果たした野球部が「ゆとり」ある練習をしているであろうか。ハンマー投げの室伏広治選手が試合前に「ゆとり」の時間を楽しんでいるだろうか。「ゆとり」を楽しむことが許されるのは，一つの仕事を完成させた後のことであり，若くて将来ある児童生徒が安易に口にするべきものではない。「鉄は熱いうちに打て」「少年老い易く学成り難し，一寸の光陰軽んずべからず」という名句

は，教育の変わらぬ本質をついている。

さて，花園を目指す高校ラグビー愛知県大会も西陵高校の優勝で幕を閉じた。秋も深まった11月の時期まで，高校3年生が中心メンバーとなって熱戦を展開した。文化の日に雨中の試合を応援したが，グランドが泥海と化し，楕円体のボールも思うように転がらず，選手の目に泥が入って前も見えず，試合がしばしば中断した。しかし双方相譲らず，すばらしい闘志のぶつかりあいに感動を禁じ得なかった。3年生のこの時期まで部活動を続けるのは，勉強との両立に大変な努力が必要である。そうした彼らの中から3年生になって急速に学力が向上していく者が多数いる。

一躍ノーベル賞の有力候補となった，世界で初めて皮膚細胞から万能細胞を創り出した京都大学の山中伸弥教授は，高校時代には柔道，大学時代にはラグビーで心身を鍛えている。ハードな研究を乗り切る体力を学生時代に養っていたことが今日の成果を生み出したと言っても過言ではなかろう。

古今東西を問わず不変の価値を有しているのは，知・徳・体の調和のとれた教育である。

次期学習指導要領には，知・徳・体のバランスある教育の一層の充実のために，部活動に光を当てるとともに，確かな知識や考える力を身に付けさせるに十分で豊富な指導内容を期待したい。

（「愛知県公立高等学校長会報」No.216 寄稿，2008（平成20）年1月）

18　南山大学において

筆者は，2010年4月から，松原眞志夫先生（旭丘高校第12代校長，前・南山大学教授）の後任として，南山大学教職センターに勤務し，教職を目指す学生への講義や指導に当たっている。松原先生は，学校経営のみならず国語教育学の大家であり，筆者は県教育委員会に勤務していた当時，先生から各種起案において文章作法のご指導をいただいた。厚く感謝申し上げる次第である。

以下の文章は，南山大学心理人間学科のHPに掲載したものである。

(1) オシムの言葉

　サッカーのワールドカップ（Ｗ杯）南アフリカ大会での日本チームの活躍に国中が湧いています。深夜にもかかわらず，多くの人がＴＶ中継に釘付けになり，声援を送り続けたということは，国民が明るいニュースを希求していること，沈滞した我が国社会のムードを一時的にしても吹き飛ばしてほしいと願っていること，仲間と心を一つにして情熱を傾注する機会を求めていること等を示しているように思えてなりません。

　６月29日，２大会ぶりに16強に進出した日本は，プレトリアのロフタス・バースフェルド競技場での決勝トーナメント１回戦で南米の強豪パラグアイと対戦しました。０－０のまま延長に入り，それでも両チーム無得点で決着がつかず，最後はＰＫ戦となり，惜しくも３－５で敗れ，初の８強入りはなりませんでした。

　しかし，ねばり強く鉄壁の守備陣と鋭い攻撃陣の調和，賞賛に値するチームワークは，日本サッカーの水準の高さを世界に示してくれました。120分フルタイム走り続けることが出来た日本チームのタフネスさは，世界に大きな衝撃を与えたのではないでしょうか。

　この「走る」サッカーを日本チームに叩き込んだのは，イビチャ・オシム前監督であると私は確信しています。オシムは，1941年，サラエボに生まれ，戦火の中で育った苦労人です。数学教授への道を捨て，サッカーに打ち込んだ異色の人でもあります。彼の放つ言葉には，不思議な魅力があり，私も彼のファンの一人です。

　ベテランから若手にチームを生まれ変わらせる必要があるとき，彼は，「経験のある選手も確かに必要だが，経験ある選手は９人もグランドには必要ない。個人的にはいい選手，一人としてはいい選手，そういう選手がひとつのチームにたくさんいたら成り立たない。」と語り，素質があると見込んだ選手に対しては，「重要なのは，ミスをして叱っても使い続けるということだ。選手というのは試合に出続けていかないと成長しない。」と語っています。

　「試合の前には，絶対に勝たないとだめだ，とは言わない。まずは自分た

ちのために，自分のやれることをやり切るということが大事だという話をする。」という言葉も，生きる知恵を与えてくれます。

　木村元彦著『オシムの言葉　フィールドの向こうに人生が見える』（集英社）の一読をおすすめします。

　　　　　　（南山大学心理人間学科 HP 教員エッセイ，2010（平成 22）年 7 月）

(2)　3 月 11 日の記憶

　2011 年 3 月 11 日午後 2 時 46 分 18 秒，そのとき私は青森県八戸市のバス車中にいた。前日から，中部原子力懇談会エネルギー環境調査研究部会の一員として，六ヶ所村の核燃料再処理施設や風力発電施設などを視察していたのである。堅固な地震対策が施された核燃料施設に安心感を覚え，風力発電の風車が多数立ち並ぶ丘陵地帯に未来の息吹を感じながら施設を後にし，地元のバス会社の快適な案内で一路，東北新幹線八戸駅に向かっているところであった。八戸駅に間もなく到着できるという山腹の道路上で，バスは突然強烈な揺れに遭遇した。一時はひっくり返ってバスごと谷底へ転落するのではないかという恐怖に襲われたほどの激しい揺れであった。道路に沿った電線がビュンビュンと音を立てて鳴っていた。数分間の恐怖の後，揺れは収まった。すると，バス内のテレビから「大津波警報発令。ただちに高台に避難してください。」と何度も繰り返すアナウンサーの緊張した表情が映し出された。

　幸い，道路に損傷はなく，バスは八戸駅に向かった。停電のため，八戸駅は閉鎖され，旅行者は駅前の広場に溢れていた。無論，東北新幹線は全面停止で復旧の目途は立たない状況である。

　バス会社としては，契約通り客を八戸駅まで無事送り届けたのであるから，法的には任務完了である。しかし，東北のバスはちがった。ときおり粉雪が舞う寒空の下に客を放り出すようなことはしない。親切にも，市内の本社まで送ってくれ，そこで二晩，暖房の効いた車内で泊めてくれたのである。

　停電は，復旧の見込みなく，街は原始の世界に戻ったような暗闇であった。雲の間からは無数の星々が地上の惨状を知らぬかの如く無情な輝きを見せていた。交通信号も消え，ガソリンスタンドも休業である。市内のホテルもエ

レベータやトイレが使用できず，休業に追い込まれた。

　青森の３月はまだ寒い。夜になると知らぬ間に雪が積もる。係の人が，貴重な燃料を我々のために手動でバスに注ぎ，エンジンをかけっぱなしにして車内を暖めてくれた。握り飯の炊き出しの厚意にもあずかった。日本人が古来から受け継いできた互助の精神が，見事に生き残っていると感銘を受けた。

　添乗員の女性も超過勤務をいとわず，懸命に各地と連絡を取り，名古屋へ帰るためのルートを探してくれた。最終的に，八戸から秋田空港まで深夜のバス便で送り届けてくれ，羽田経由で無事帰名することができた。

　その後，東北大震災の惨状の詳細な報道に接して，あらためて東北の人々の温かさに感謝するとともに，被災者の方々に心からお見舞い申し上げ，一日も早い復興を祈るばかりである。

（南山大学心理人間学科 HP 教員エッセイ，2011（平成 23）年 6 月）

(3)　生徒とともに学び続ける喜び
―太陽のスーパーフレアとその甚大な影響―

　千年に一度といわれる大地震が東北地方を襲い，甚大な被害をもたらしたことは記憶に新しい。地震や津波対策は，いま国を挙げて行われている。しかし，太陽のスーパーフレアとその甚大な影響については，巷間ほとんど話題にのぼらない。

　太陽表面のフレア（大爆発）は，しばしば起こり，磁気嵐やオーロラを生じさせる。日常生活に直結する悪影響を与えることは，あまりない。しかし，通常のフレアの千倍ものエネルギーのスーパーフレアが万一，太陽で生じたら，何が起こるであろうか。地球は太陽からの巨大な磁気嵐に飲み込まれ，ほとんどすべての電力網が失われ，通信やコンピュータは壊滅的被害を受ける。人間が突然，原始社会に放り出されるのである。しかも，世界的規模においてである。電源喪失による原子力発電所の暴走も心配される。

　これまで，太陽では，このようなスーパーフレアは起こらないと考えられてきた。ところが事態は最近急変した。NASA の衛星観測の膨大なデータを解析した京都大学の柴田一成教授のグループが，太陽型の恒星でスー

第 10 章　式辞・折々の記

パーフレアがこれまで宇宙で数多く生じていることを発見したのだ。その成果は，権威ある科学誌『Nature』（2012年）に掲載された。詳しい解説は，柴田教授著・朝日新書『太陽大異変』をお読みいただきたい。

この大発見は，柴田教授に宿題を与えられた理学部1年生の学生の一人，柴山拓也君が，自分で開発したプログラムによってNASAの膨大なデータを解析して得たものであった。『Nature』に学部学生が共著者として掲載されるのは極めて珍しく，新聞やテレビで報道された。

図 10-7　柴山拓也君の大発見を報道した記事
　　　　（中日新聞，2012.5.28）
※この記事・写真等は，中日新聞社の許諾を得て転載しています。

実は，柴山君は，数年前まで私が校長を務めていた高校の生徒であり，物理オリンピックを目指すサークルをともに立ち上げて，授業後，熱心に課題の実験に取り組んでくれていたことが懐かしく思い出される。つい，先日，彼の講演を聴きに行き，素晴らしいプレゼンに感銘を受けて，励ましてきたところである。

着任2年目の2学期の始業式の式辞の中で，「物理オリンピックにチャレンジしたいと思う者，または関心のある者は，校長室へいらっしゃい。授業後，部活が終わってから，一緒に勉強しよう。」と呼びかけ，10人ほどの生徒が集まってくれた。物理担当の優秀な教員も協力してくれ，1年生から物理を教え，実験に取り組んだ。発足2年目には，日本代表としてメキシコ

149

大会で銅メダルを取得する生徒も現れた。日本代表に選ばれると大学院入試レベルの課題が課され，生徒とともに必死に勉強することになった。

　こうした努力が，卒業生の歴史的大発見につながったのではないかと，喜んでいる。（南山大学心理人間学科 HP 教員エッセイ，2015（平成 27）年 6 月）

注

1)　ロバート K. グリーンリーフ（野津智子訳）『サーバントであれ』英治出版，2016，p.31

2)　真田茂人『サーバント・リーダーシップ実践講座』中央経済社，2012，p.81

3)　岡崎勝，赤田圭亮編『100 万人教員のためのやさしい悩みごと相談』日本評論社，2003，pp.88-89

4)　ロバート K. グリーンリーフ（金井壽宏監訳）『サーバントリーダーシップ』英治出版，2008，pp.571-573

参考文献

・鯱光百年史編集委員会『鯱光百年史』愛知一中創立百年祭実行委員会，1997
・宮島英紀・小峰敦子『名門高校ライバル物語』講談社，2009
・『月刊高校教育増刊号　高校グラフィティ』学事出版，2009
・「大学合格力」『週刊ダイヤモンド』2010.11.20 号，ダイヤモンド社

著者略歴

1949（昭和 24）年 4 月生
名古屋市緑区若田在住
1968 年 3 月　愛知県立旭丘高等学校　卒
1973 年 3 月　京都大学理学部（物理学及び数学専攻）　卒
1974 年 3 月　京都大学教育学部聴講生　修了

［職歴］
1974 年 4 月－ 1985 年 3 月　愛知県立刈谷高等学校　教諭
1985 年 4 月－ 1990 年 3 月　愛知県教育センター　研究指導主事
1990 年 4 月－ 1992 年 3 月　愛知県教育センター　理科研究室長
1992 年 4 月－ 1994 年 3 月　愛知県教育委員会高等学校教育課　指導主事
1994 年 4 月－ 1996 年 3 月　愛知県教育委員会高等学校教育課　主査
1996 年 4 月－ 1997 年 3 月　愛知県教育委員会高等学校教育課　課長補佐
1997 年 4 月－ 1999 年 3 月　愛知県教育委員会高等学校教育課　主幹
1999 年 4 月－ 2004 年 3 月　愛知県立大府東高等学校　校長
2004 年 4 月－ 2005 年 3 月　愛知県立中村高等学校　校長
2005 年 4 月－ 2010 年 3 月　愛知県立旭丘高等学校　校長
2010 年 4 月－ 2013 年 3 月　南山大学人文学部心理人間学科　教授
2013 年 4 月－現在に至る　南山大学教職センター，人文学部　教授
　　　　　　　　　　　　　（2013 － 2014 年度　教職副センター長）

［受賞］
1983 年 9 月　石田理数産業教育賞
1987 年 2 月　下中科学研究助成金優秀賞・教育奨励賞
2007 年 7 月　日本進路指導協会会長賞
2007 年 8 月　日本理化学協会特別功労賞
2008 年 8 月　日本理科教育功労者表彰
2010 年 10月　鯱光会顕彰

［社会活動］
愛知県知事委嘱「愛知の教育を考える懇談会」委員（2003 年 7 月～ 2005 年 2 月）

愛知県公立普通科高等学校長会会長（2004 年 4 月〜 2005 年 3 月）
愛知県高等学校囲碁連盟会長（2005 年 4 月〜 2006 年 3 月）
愛知県公立高等学校長会名北地区会長（2005 年 4 月〜 2007 年 3 月）
愛知県書写・書道教育研究会会長（2005 年 4 月〜 2007 年 3 月）
名古屋市ボート協会副会長（2005 年 4 月〜 2010 年 3 月）
愛知県理科教育研究会物理化学部会長（2006 年 4 月〜 2007 年 3 月）
愛知県高等学校文化連盟副会長（2006 年 4 月〜 2007 年 3 月）
日本理化学協会副会長・同東海ブロック研究会会長（2006 年 5 月〜 2007 年 5 月）
愛知県公立高等学校長会副会長（2007 年 4 月〜 2010 年 3 月）
愛知県高等学校野球連盟会長（2007 年 4 月〜 2010 年 3 月）
東海地区高等学校野球連盟会長（2007 年 4 月〜 2010 年 3 月）
愛知県造形教育研究会会長及び造形連盟会長（2007 年 4 月〜 2010 年 3 月）
中部原子力懇談会エネルギー環境専門部会委員（2007 年 4 月〜 2014 年 3 月）
全国造形教育連盟研究大会（愛知大会）実行委員長（2008 年 4 月〜 2010 年 3 月）
県立学校アクティブチャレンジ事業研究校選定委員会委員（2011 年度）
愛知県公立高等学校入学者選抜制度の改善に関する検討会議委員（2012 年度）
愛知県公立高等学校入学者選抜方法協議会議委員（2013 年度〜）

［著書］
1. 『アクセス物理 1988，及び詳解書』（水越醸，中山収作，ほか 5 名との共著），
   浜島書店，1987 年 12 月（執筆担当部分：pp.65-111，詳解書 pp.38-54）
2. 『身近な素材を生かした物理教材の研究』（山本昇，宮澤達，ほか 78 名との共著），東洋館出版社，1988 年 6 月（執筆担当部分：pp.24-25，84-85，196-197）
3. 『文部省検定済教科書「高等学校標準物理ⅠB」』（斉藤晴男，兵藤申一，ほか 10 名との共著），啓林館，1993 年 12 月（執筆担当部分：第 3 部「波動」第 2 章「音」，pp.160-179）
4. 『文部省検定済教科書「高等学校物理Ⅱ」』（斉藤晴男，兵藤申一，ほか 10 名との共著）啓林館，1994 年 1 月（執筆担当部分：第 1 部「運動とエネルギー」第 1 章「円運動と単振動」，pp.8-37）
5. 『ラーニングガイド　教育の方法と技術』（石田裕久，神谷俊次，ほか 3 名との共著），一粒社，2013 年 3 月（執筆担当部分：第 1 章「教えること・学ぶこと」，pp.2-11）

著者略歴

［主な論文］

1. 「動摩擦力の直接測定によるアモントン・クーロンの法則の検証実験（査読付き論文）」（単著）『日本物理教育学会誌』第 27 巻 4 号，日本物理教育学会，1979 年 8 月，pp. 223-226

2. 「高等学校物理分野における『力の概念』の指導法の研究Ⅰ」（単著）『昭和 56 年度愛知県理科教育研究大会発表資料別冊』愛知県理科教育研究会，1981 年 11 月，pp. 1-97

3. 「OHP 上における音の定常波の演示実験装置の製作と音波の干渉の指導について」（単著）『日本理化学協会研究紀要』，第 15 巻，日本理化学協会，1984 年 3 月，pp.40-43

4. 「波動分野における指導法改善の研究」（単著）『I.F.Report』第 12 巻，石田科学経済研究財団，1985 年 12 月，pp. 142-175

5. 「物理教育におけるマイクロコンピュータ利用に関する総合的研究（Ⅰ）―MS-DOS 上の C 言語による波動分野 CAI ソフトウェア開発の試み―」（単著）『愛知県教育センター研究紀要理科特集』第 22 号，愛知県教育センター，1986 年 3 月，pp.1-8，（科研費補助金奨励研究（B）の一部による）

6. 「2 次元衝突における運動量保存法則の検証実験法の開発―放電タイマーおよび動摩擦力利用―」（単著）『愛知県教育センター研究紀要理科特集』第 22 号，愛知県教育センター，1986 年 3 月，pp.9-12

7. 「半導体圧力センサの特性とボイル・シャルルの法則」（単著）『愛知県教育センター研究紀要理科特集』第 23 号，愛知県教育センター，1987 年 3 月，pp.1-12

8. 「教育情報提供システム構想に関する研究」（森誠一，寺島鎮雄，ほか 8 名との共著）『愛知県教育センター研究紀要』第 76 集，愛知県教育センター，1987 年 7 月，pp.1-10

9. 「物理教育におけるマイクロコンピュータ利用に関する総合的研究（Ⅱ）―高温超伝導を教材としたマイコン物理計測法―」（単著）『愛知県教育センター研究紀要理科特集』第 24 号，愛知県教育センター，1988 年 3 月，pp.1-12

10. 「理科教育におけるマイクロコンピュータ利用に関する研究」（山田伸治，水野正彦，ほか 9 名との共著）『愛知県教育センター研究報告書』第 137 号，愛知県教育センター，1988 年 3 月

11. 「構造化 BASIC による物理教材の作成法―異機種間ソフト互換性をもとめ

て―」（単著）『愛知県教育センター研究紀要理科特集』第 25 号，愛知県教育センター，1989 年 3 月，pp.1-10

12. 「理科教育における情報化への対応」（単著）『教育愛知』第 37 巻第 2 号（5 月号），愛知県教育委員会，1989 年 5 月，pp.52-56

13. 「水ロケットの空気注入部の工夫例（査読付き論文）」（単著）『日本物理教育学会誌』第 38 巻 1 号，日本物理教育学会，1989 年 10 月，pp. 35-35

14. 「物理（理科）教師のためのパソコン研修内容の在り方について―AD 変換の研修を中心として―」（単著）『愛知県教育センター研究紀要理科特集』第 26 号，愛知県教育センター，1990 年 3 月，pp.1-12

15. 「コンピュータを活用した物理『探究活動』・『課題研究』の教材開発―熱電対温度計と圧力センサによる気体の状態変化に関する実験―」（単著）『愛知県教育センター研究紀要理科特集』第 27 号，愛知県教育センター，1991 年 3 月，pp.1-16

16. 「普通科高校における新教育課程編成をめぐる諸課題―『総合的な学習の時間』の円滑な実施を目指して―」（単著）『月刊高校教育』2000 年 11 月号，学事出版，2000 年 11 月，pp.32-38

17. 「普通科高校のかかえる諸課題」（飯田信康，渡部隆，ほか 3 名との共著）『愛知県公立普通科高等学校長会 15 年度活動報告』愛知県公立普通科高等学校長会，2004 年 3 月，pp.33-34

18. 「力の概念の理解に関する一考察」（単著）『アカデミア　人文・自然科学編』第 3 号（316 集），南山大学，2012 年 1 月，pp.47-60

19. 「我が国の生徒指導の今後の在り方について―日米比較からの考察―」（宇田光との共著），『アカデミア　人文・自然科学編』第 6 号，南山大学，2013 年 6 月，pp.49-69.（執筆担当部分：pp.49-59，66-68）

20. 「学校の危機管理とスクールリーダーシップの在り方」（単著）『アカデミア人文・自然科学編』第 8 号，南山大学，2014 年 6 月，pp.21-49

［主な学会発表］

1. 「OHP 上における音の定常波の演示実験装置の製作と音波の干渉の指導について」（単独）昭和 58 年度全国理科教育大会，日本理化学協会，1983 年 8 月，新潟県民会館

2. 「物理教育におけるマイクロコンピュータ利用に関する総合的研究（Ⅰ）」（単独）昭和 61 年度全国理科教育センター研究協議会並びに研究発表会，全

国理科教育センター研究協議会，1986年9月，岩手県立教育センター

3. 「半導体圧力センサの特性とボイル・シャルルの法則」（単独）昭和62年度全国理科教育センター研究協議会並びに研究発表会，全国理科教育センター研究協議会，1987年9月，埼玉県別所沼会館

4. 「理科教育におけるマイクロコンピュータ利用に関する研究」（単独）教育情報連合研究発表大会（岐阜大会），日本教育情報学会，1988年8月，岐阜教育大学

5. 「高温超伝導を教材としたマイコン物理計測法」（単独）昭和63年度全国理科教育センター研究協議会並びに研究発表会，全国理科教育センター研究協議会，1988年10月，三重県湯の山保養所

6. 「理科教師のためのパソコン研修内容の在り方について」（単独）平成元年度全国理科教育センター研究協議会並びに研究発表会，全国理科教育センター研究協議会，1989年11月，京都市青少年科学センター

7. 「物理教師のためのパソコン研修内容の在り方について―ＡＤ変換の研修を中心として―」（単独）平成2年度全国理科教育センター研究協議会並びに研究発表会，全国理科教育センター研究協議会，1990年10月，島根県ホテル白鳥

8. 「コンピュータを活用した物理『探究活動』・『課題研究』の教材開発―熱電対温度計と圧力センサによる気体の状態変化に関する実験―」（単独）平成3年度全国理科教育センター研究協議会並びに研究発表会，全国理科教育センター研究協議会，1991年11月，大分豊泉荘

9. 「普通科高校における新教育課程編成をめぐる諸課題―『総合的な学習の時間』の円滑な実施を目指して―」（単独）平成11年度東海地区普通科高等学校長会総会・研究協議会，東海地区普通科高等学校長会，1999年10月，岐阜県ホテルグランヴェール岐山

10. 「普通科高校における新教育課程編成をめぐる諸課題―『総合的な学習の時間』の円滑な実施を目指して―」（単独）全国高等学校長協会第53回総会・研究協議会，全国高等学校長協会，2000年5月，東京都普門館

11. 「学校教育における規範意識の醸成に関する日米比較考察」（単独）日本教育経営学会第53回大会，2013年6月，筑波大学

12. 「学校の危機管理とスクールリーダーシップの在り方―教員の意識傾向に着目して」（単独）日本教育経営学会第53回大会，2015年6月，東京大学

［主な講演等］

1. 毎日新聞115年記念「情報化社会と学校教育」シンポジウムにて講演，1987年5月，電気文化会館

2. 愛知県総合教育センター「心の教育を考えるシンポジウム」にてパネリストを担当，2004年7月，愛知県総合教育センター

3. 県立学校運営講座にて「私の期待する主任像」と題して講演，2006年10月，愛知県総合教育センター

4. 新任教頭研修会にて「学校運営の在り方」について講義，2007年8月，愛知県総合教育センター

5. 新任校長研修会にて「学校組織マネジメント」について講義，2007年10月，愛知県総合教育センター

6. 東海地方公立高等学校事務職員研究協議会にて「学校事務職員のこれからの役割」と題するシンポジウムでパネリストを担当，2008年6月，愛知県豊橋市公会堂

7. 全国高等学校PTA連合会研究協議会第四部会「家庭教育とPTA」にて助言者を担当，2008年8月，愛知県勤労会館

8. 知的財産権の教育における重要性について，日本弁理士会東海支部長の石田喜樹氏と紙上対談，中部経済新聞，2009年1月

9. 教員免許状更新講習講師「生徒指導の今日的課題」，2010年度から毎年担当，南山大学

10. 静岡県立静岡高等学校の現職研修会にて「保護者との連携の在り方について－親はモンスターではない－」と題して講演，2011年5月，静岡県立静岡高等学校

11. 日本教育会愛知県支部評議員会研究会にて「教師のリーダーシップと学校改革」と題して講演，2011年6月，愛知県教育会館講堂

12. 静岡県立静岡高等学校の現職研修会にて「散逸構造理論と学校の危機管理－不祥事防止の観点から－」と題して講演，2012年7月，静岡県立静岡高等学校

13. 教員人材銀行登録者資質向上事業の講師，2013年3月から毎年担当，愛知県教育会館

14. 名古屋市立高等学校生徒指導研修講座の講師として，「生徒指導の今日的諸課題についての理解と指導－保護者との連携の在り方を中心に－」と題して講演，2013年10月，名古屋市教育センター

著者略歴

15. 三重県四日市市小学校教頭会の研修会にて「学校の危機管理とスクールリーダーシップの在り方」と題して講演，2013 年 12 月，四日市市総合会館

著者紹介

岡田　順一

1949 年　愛知県に生まれる

1973 年　京都大学理学部卒

愛知県教育委員会指導主事，課長補佐，主幹等を経て

愛知県立高等学校長（大府東，中村，旭丘），

愛知県公立普通科高等学校長会会長，

愛知県公立高等学校長会副会長，

愛知県高等学校野球連盟会長，

日本理化学協会副会長などを歴任

現職　南山大学教職センター教授

主要著書・論文

全国理科教育センター研究協議会編『身近な素材を生かした物理教材の研究』（共著）東洋館出版社，1988

文部省検定済教科書『高等学校標準物理ＩＢ』（共著）啓林館，1993

「力の概念の理解に関する一考察」『アカデミア　人文・自然科学編』第 3 号（316 集），南山大学，2012 年 1 月

「我が国の生徒指導の今後の在り方について」（共著）『アカデミア　人文・自然科学編』第 6 号，南山大学，2013 年 6 月

「学校の危機管理とスクールリーダーシップの在り方」『アカデミア　人文・自然科学編』第 8 号，南山大学，2014 年 6 月

学校の危機管理とこれからのスクールリーダーシップ

2016 年 8 月 10 日　初版発行	著　者	岡　田　順　一
	発行者	武　馬　久仁裕
	印　刷	藤原印刷株式会社
	製　本	株式会社渋谷文泉閣

発　行　所　　　　　　株式会社　黎　明　書　房

〒460-0002　名古屋市中区丸の内 3-6-27　EBS ビル　☎ 052-962-3045

FAX 052-951-9065　振替・00880-1-59001

〒101-0047　東京連絡所・千代田区内神田 1-4-9　松苗ビル 4 階

☎ 03-3268-3470

落丁本・乱丁本はお取替します。　　　　　ISBN978-4-654-01935-9

ⓒ J.Okada 2016, Printed in Japan

日本音楽著作権協会（出）許諾第 1607525-601 号